U0637921

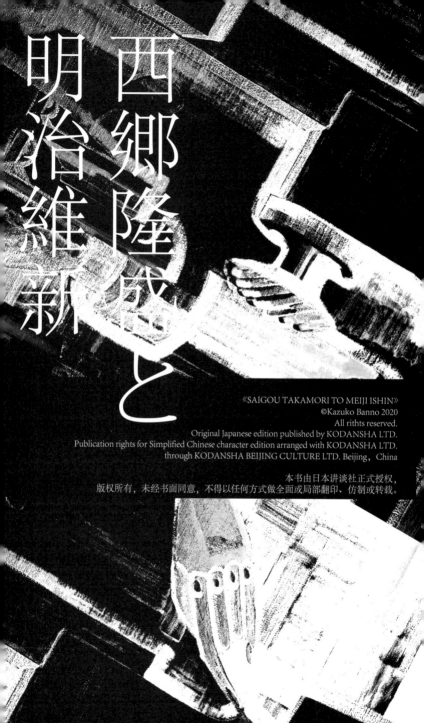

西郷隆盛と明治維新

《SAIGOU TAKAMORI TO MEIJI ISHIN》
©Kazuko Banno 2020
All rithts reserved.
Original Japanese edition published by KODANSHA LTD.
Publication rights for Simplified Chinese character edition arranged with KODANSHA LTD.
through KODANSHA BEIJING CULTURE LTD. Beijing，China

西乡隆盛与明治维新

〔日〕坂野润治 —— 著

沈艺 —— 译

社会科学文献出版社
SOCIAL SCIENCES ACADEMIC PRESS (CHINA)

前　言

　　"王政复古"的四个月前（1867年旧历^①七月二十八日），英国外交官萨道义（Ernest M. Satow）与西乡隆盛会面，并在其后回忆当时的情景时说道：

　　　　为了解京都局势，我前往萨摩藩邸与西乡会面。西乡认为比起现在的大君政府，更应该设立国民议会，并就此大发议论。我从友人

---

　　①　日本政府于明治五年十一月九日（即1872年12月9日）颁布第337号太政官布告，废除此前使用的旧历（天保历），改用西历（格里高利历），从明治五年十二月二日（即1872年12月31日）开始实施。本书中所有的日期表述都遵循这一原则。——译者注（本书所有脚注均为译者注，后文不再特别说明。）

松根青年那里了解到，此般议论在反大君派中颇为普遍，但我认为这种想法太疯狂了。

（アーネスト・サトウ『一外交官の見た明治維新』下巻、岩波文庫、45頁）

一提到西乡隆盛，恐怕现在的读者们首先想到的就是"征韩论"①吧。西乡的征韩主张被政府否决，他在1873年旧历十月辞去了参议一职。而就在仅仅6年前，西乡隆盛还面对来自议会制发源地英国的外交官，热心地谈论"国民议会"的必要性。

颇为有趣的是，来自议会制国家的英国人居然认为"这种想法太疯狂了"。不过，更加值得注意的是，西乡是"国民议会"的信奉者这一事实，迫使我们对西乡的人物形象大为改观。

需要改观的还不止这一点。1894年（明治

---

① 李氏朝鲜在1897年10月12日才改国号为"大韩帝国"，为何日本此时将侵略朝鲜的观点称为"征韩论"而非"征朝论"或"征鲜论"？大野敏明、矢崎勉等人认为，这是源于《古事记》《日本书纪》里的"三韩征伐"；《日本国语大辞典》《小学馆国语辞典》认为，"韩国"为日本自古称呼朝鲜之名，正如将中国称为"唐国"一样。

西乡隆盛

二十七年）开始潜心撰写西乡传记的原萨摩藩
士胜田孙弥提出，幕末时期的西乡其实对"攘
夷论"并无太大兴趣。西乡首次登上政治舞台
是在"安政大狱"（1858年）发生时，关于此前
的事情，胜田记载道：

> 虽说当时堀田〔正睦〕阁老〔老中〕
> 等人与京师〔京都〕勤王党素来就开国锁
> 国之论纷争不断，但隆盛等人所争之处在
> 于一桥世子〔庆喜〕派与纪州派之间的相
> 互竞争，前者即欲行一大革新之人，后者

即固守幕府祖法之人。如开国锁国论这般论题并非隆盛等人主要的着眼之处。

（勝田孫弥『西郷隆盛伝』第一巻、西郷隆盛伝発行所、98頁。句读、着重号及六角括号内的内容均为笔者所加，后文同）

如果将萨道义的回忆与胜田孙弥的《西乡隆盛传》中的记述结合起来看，那么西乡就是一位对"攘夷论"不太感兴趣的"国民议会"论者。我们熟知的西乡在明治维新后的1873年鼓吹"征韩论"并因此离开了政府，而萨道义与胜田孙弥描绘的西乡形象与此相去甚远。

而且，为了废除"封建制度"，让日本成为欧美列强都承认的近代化统一国家，西乡利用萨摩、长州、土佐三藩献上的"御亲兵"之力，断然实行了"废藩置县"。胜田孙弥提到西乡在1871年旧历七月写给萨摩藩权大参事（相当于副知事）的书信中说道：

比起外国人，要让我国这种天子威权

不立的国家了解政府是四方各国均有之物，但建立国体一事无法一蹴而就。因为当时日本与万国对立，要想打开局面、时来运转，就实在难以阻挡这种大势所趋，所以是时候断然以公义之名下令改革郡县制度了。（中略）就算是一时废除旧习，也很难说不生异变，且各国心思不明，朝廷决心不惜一战达成此事，（中略）在这一点上请您务必放心。

（同全书第五卷、64页）

自 12 世纪末镰仓幕府成立以来，封建制度延续至此。西乡亲自率领御亲兵，以军队的力量为背景，成为废除封建制度的排头兵。

1871 年（明治四年）废藩置县后，西乡为人所知的事情只有 1873 年（明治六年）的"征韩论"和 1877 年（明治十年）的西南战争。西乡被描绘为侵略东亚和士族叛乱的中心人物，而且他的这一面比起 15 年前推翻封建制度的议会论者的一面更为有名。

西乡在提出"征韩论"后到西南战争之间

的实际情况将在本书第六章以后再进行探讨，但在前言里，我想首先指出以下两点。

第一，在所谓的"征韩论争"中败北后回归故里鹿儿岛的西乡，早在 1874 年（明治七年）就发现，比起他在幕末时期打过交道的那些欧美文明的鼓吹者，福泽谕吉的著作尤其出类拔萃。

第二，作为"征韩论者"而出名的西乡，批判 1875 年（明治八年）9 月的江华岛事件是卑劣的挑衅，认为日本在该事件中侮辱对方是弱国，无视两国间长期以来的交流。西乡主张，既然要测量江华岛沿岸，就应事先征得朝鲜政府的同意。因而，传说的"征韩论者西乡隆盛"这一概念本身就有再探讨的必要。

从以上内容可以看出，我们对幕末时期至明治维新期间的西乡所持有的大概印象完全是虚假的。而再现西乡隆盛的实际形象，就是本书的目的所在。

第一章　不“攘夷”的“尊王”论者

1 西乡登场的时机

1854 年首次前往江户

西乡隆盛首次踏上江户的土地，是在 1854 年年初。作为最底层的藩士，西乡也是跟随萨摩藩主岛津齐彬前往江户参勤交代的队伍中的一员。隆盛时年 28 岁。

当时的萨摩藩士由上至下分为一门、门阀、一所持、寄合、小番、新番、小姓组、与力八个等级，西乡属于倒数第二等级——小姓组。

一般认为，1854 年来到江户这件事，对于他思想的形成有重大影响。此时正值 1853 年、1854 年佩里两度来日之际，可被称为"尊王攘夷"发源地的水户藩对于攘夷的

态度转变为"拖延论"（ぶらかし論）①（堤克彦『横井小楠の実学思想』ぺりかん社、501～504頁）。

所谓的"拖延论"是指为了将来实现真正的攘夷，目前先集中力量改革幕藩体制，暂且不对佩里舰队采取攘夷措施。就任幕府海防参与和军制参与两职并指导这一政策的，是御三家之一水户藩的藩主德川齐昭，该藩也就是水户学的发源地。横井小楠是与水户藩关系密切的熊本藩实学党人，曾在1854年3月《日美和亲条约》②签订后提出，"今日之时势，和战二论

---

① 各类日文词典里均未收录"ぶらかし／ぶらかす"一词，据推断，其词源有可能为"たぶらかす"，意为用好听的话或可疑的手段哄骗。根据藤野保等人编撰的《日本史事典》（『日本史事典』朝倉書店、2001）第525页记载，"ぶらかし戦法"是指顾左右而言他、拖延回答的一种策略；林秀彦在其著作《上山下海：日本人与军歌》（『海ゆかば山ゆかば：日本人と軍歌』PHP研究所、2002）中写道，"虽然现在《广辞苑》里尚未收录'ぶらかし'这一词语，但它实在是日语中非常巧妙的一个词语，用于描述幕末时期国家在面临攘夷还是开国的生死存亡之际的政治状况，在史书里也被广泛使用。它的意思是'不采取决定性的态度，而是展现出将问题搁置到以后再处理的暧昧姿态'"（第18页）。因此，译者将其意译为"拖延论"。

② 又称《神奈川条约》。

暂且搁置"，应尽力强化水户、越前、尾张三藩的合作，并且联合其他强大藩国，举荐人才，改革幕政（同前书，第372~373页）。而且他还记载道，这一意见已由肥后（熊本）藩家老①长冈监物转达给水户藩的藤田东湖（同前书，第373页）。

长冈监物与横井小楠的这一主张，即目前的课题并非立即实施"攘夷"，而是幕藩体制的改革（强大藩主参与幕政和起用人才），对于以西乡隆盛为主人公的这本书而言十分重要。虽然西乡首次登上政治舞台是在三年后的拥立一桥庆喜运动之时，但当时他的立场与此处提及的熊本藩实学党人横井小楠和长冈监物的主张极为相似。正如前言里指出的那样，1857~1858年的西乡也不拘泥于究竟是开国还是锁国，而认为应该最先考虑的是幕府的"一大革新"。

换言之，1853~1854年佩里来航时的水户、越前、尾张、熊本四藩的主张，与1857~1858

---

① 大名的家臣中总理藩政的重臣，是家臣中的最高职位。在室町时代称"宿老"或"中老"，到江户时代正式成为制度上的职位名称，德川家的家老被称为幕府的"老中"。

年《日美修好通商条约》签订时的拥立一桥庆喜运动有直接关系。

水户学的内在矛盾

水户学以保持天皇一贯的权威为根基，强调日本优于万邦之"国体"，但水户藩在佩里来航时却采取了"拖延论"，即便这种做法被说成是变节，水户藩也无可奈何。然而，可称作后期水户学开山鼻祖的会泽安（正志斋）的《新论》（1825 年），从一开始就包含"国体论"的抽象性与"强兵论"的具体性之间的矛盾。

正如始于 1633 年的"锁国"政策的首要目的在于禁绝基督教，在约 200 年后的 1825 年，水户藩的会泽安在《新论》中提出"尊王攘夷论"的主要目的也在于保护日本的"国体"不受基督教的侵蚀（『日本思想大系』第五三卷、岩波书店、68 页）。而这应该被守护的"国体"就是古来延绵不绝的天皇制（同前书，第 70 页）。

不过，会泽的《新论》中不仅有宗教、思想层面的维护"国体"观点，还包含着在军事上拒绝欧美列强接近日本的"强兵"主张。因而在这种文脉下出现的就是"攘夷"这个词语，而非"锁国"。

而且会泽在讨论"攘夷"的具体措施时，变得极具合理主义。

他批判日本妄自尊大的思想，即"自古神州①之兵精锐冠绝万国，夷狄小丑，不足为虑"。会泽认为这已是关原之战以前的事情了，其后200年的太平盛世让神州精锐之师的精神消亡殆尽（同前书，第102~103页）。

此外，会泽还嘲笑关于在日本沿岸陈列炮台迎击欧美军舰的讨论。在没有"巨舰大船"的时代，"四面皆海"的地理优势确实可以守护"神州"不受外敌入侵，然而如今欧美列强"驾驶巨舰大船，如雷电般奔行数万里"，"四面皆海"的日本想要防御列强，必须在所有海岸上修筑炮台。即便这一点能够实现，日本也不知道外敌会在何时何地发起进攻（同前书，第90~91页）。也就是说，即便日本建造如此之多的炮台，让自己变成了一只刺猬，也不可能每

---

① 指日本。日本像中国一样将自己称为"神州"，以"夷狄"称呼外国，这其实是一种"中华意识"的体现。

日在全国各地都准备好防御外敌入侵，而且这也没有任何意义。唯一的对抗之策就是日本也"启用巨舰、壮大军队"，用以对抗"西夷"的"巨舰大船"（同前书，第 125 页）。

基督教的入侵会动摇日本人的"国体"信仰，而且宗教会附着在学问上传入日本。因此，会泽主张取缔"兰学"，"兰学"是当时唯一有此可能的欧美学问。然而，如果禁绝兰学，单凭日本自己的科学技术是无法建造对抗欧美的"巨舰"的，甚至比建造炮台让日本变成刺猬还更不可能。

要想指出《新论》中的这种矛盾是很容易的。但是，把"国体"的根基建立在天皇而非儒学之上，会动摇幕府统治的正统性。建造"巨舰"和禁绝兰学之间的矛盾，在后来佐久间象山提出"东洋道德，西洋艺术"时得以解决。

从设定了幕末日本应当解决的课题这一点来看，难道不是应该更加公正地评价会泽的《新论》吗？

涩泽荣一对《新论》的评价

事实上，早在距今约 100 年前，曾为幕臣的涩泽荣一就已在其自费出版的《德川庆喜公传》(『德川慶喜公伝』龍門社、1918)中指出会泽《新论》具有合理主义的一面。

一方面,涩泽指出会泽对于西洋的认识的局限性:

> 虽然恒藏〔会泽安〕是比较明了海外局势之人,但可悲的是,其知识不过来自古旧兰书的翻译和明清之人的西洋记事,所以他所知的西洋只是往时的西洋。
>
> (同前书第一卷,第116页)

另一方面,涩泽也承认会泽的海防论在当时是超群卓越之论:

> 会泽说,"夷人固惯兵战,操舰巧妙,绝不能视其为愚弱而欺侮之",他深知我国古来擅长的陆战之术不足以对抗夷狄,论述了坚固船舰的必要性,如此这般,比起一般固陋的兵学者之流的攘夷论,会泽之说领先数等。
>
> (同上)

涩泽荣一作为明治、大正时期的大实业家而成为历史研究的对象，同时他也是关于幕末政治的优秀研究者。

会泽的《新论》之所以能够明确指出此后幕末政治应该解决的课题，是因为它是在幕府颁布《异国船驱逐令》（「異国船打払令」，1825年）时写成的。1853年佩里来航的28年前，在日本各地的港湾里就出现了大量请求补给饮水和食物的欧美船舰。对此，幕府命令诸藩不论理由如何，攻击一切靠岸的外国船只。该法令又称为《无差别驱逐令》（「無二念打払令」），这种称呼实实在在地反映了其内容。

在日本方面采取这种政策的时候，会泽向自己发问：欧美列强会不会反击？现在的日本能否承受其反击？而他自己得出的解决方案便是"国体论"和"巨舰建造论"。

众所周知，自锁国两年后的1635年以来，幕府就禁止诸藩建造容量在500石以上的大船。在这一前提下，如果要实行《异国船驱逐令》，就只能修筑炮台了，而这正是会泽严厉批判的措施。另外，如果依会泽所言，废除《大船建造禁止令》(「大船建造の禁」)，那么西南部的所有外样①大藩一定会不遗余力地建造巨舰。如此一来，外样大藩的军事实力将会不可避免地逼近幕府的军事实力。再加上会泽的另一支柱理论——"国体论"，幕府统治的正统性将因天皇的存在而受到威胁。"炮台"不会朝幕府开炮，但"巨舰"不仅能对抗欧美，也能对抗江户幕府；同样的，"攘夷"不会指向幕府，但"尊王"难免会动摇幕府。会泽的《新论》对幕府而言就是如此麻烦至极的一本书。

---

① 指江户时期除亲藩、谱代以外的大名，主要是关原之战以后臣服于德川氏的诸侯，他们与德川幕府之间的主从关系淡薄。

2 "外压"与举国一致

水户藩主的"尊王攘夷论"

会泽安是"御三家"之一水户藩的家臣，藩主德川齐昭自幼跟随会泽学习。

齐昭成为"尊王攘夷论"的中心人物，是在1842年清朝在鸦片战争中被英国打败以后。更为具体地说，是因为幕府震惊于清朝的败北，在1842年废除了《异国船驱逐令》，这激怒了齐昭。

废除《异国船驱逐令》的幕府却坚持实施《大船建造禁止令》。也就是说，此时的日本方面不仅停止使用炮台攻击接近日本的欧美军舰，还甚至依旧禁止建造"大船巨舰"迎击敌人。

如此一来，要想"锁国"，只能指望神风来助①，更不用说什么"攘夷"了。面对恐惧外样大名因无法攻击欧美船只而将枪口转向自己的幕府，齐昭于 1845 年上书道：

> 承蒙二百余年恩泽的三家以下，家门、谱代大名自不必说，即便是外样大名，至今也没有对公仪怀有异心之人。徒因忌惮大小名而疏忽海防，不允许制造大船，实乃遗憾。
>
> （『德川慶喜公伝』第一卷、121 頁）

佐久间象山的海防论

齐昭向幕府提出这份意见书的时候，有一位老中是信州松代藩主真田幸贯，幕末时期最厉害的西洋兵学者佐久间象山就是其家臣（俸禄 100 石）。正如会泽安通过德川齐昭对幕政施加影响一样，佐久间象山也因为自家藩主真田幸贯是老中而得以影响幕府决策。在此我们有

---

① 指 1274 年、1281 年的文永弘安之役中在博多湾摧毁蒙古入侵日本的军舰的大风。

必要注意的是，幕末时期的"思想家"并非单纯的学者，也是为政者的一员。

本书的主人公西乡隆盛十分尊敬佐久间象山。1864年旧历九月，西乡初次与胜海舟会面时，一边称赞胜海舟在推动现实发展方面是知识分子中的佼佼者，另一边又补充道，"在学问与见识方面，佐久间〔象山〕超群卓越"（立教大学日本史研究会编『大久保利通関係文書』第三卷、吉川弘文館、312頁）。

佐久间也是于1842年清朝在鸦片战争中被英国打败之际，不知不觉间继承了会泽安的海防论。打败清朝的英国终于认识到，作为对1825年以后实施的《异国船驱逐令》的报复，可以逼迫日本"开国"。在这种情况下，佐久间向自己的藩主，即同时担任幕府海防负责人的真田幸贯上书道：

> 英国人因此次与唐山〔中国〕交战，愿与本邦交易，万一交易不被允许，英国人可能会对前几年（中略）英国船靠近海岸时不由分说就被炮击的事情提出控诉。

又（中略），因唐山骚乱，据说英国人会向长崎、萨摩、江户三地派遣军舰（下略）。

（『日本思想大系』第五五卷、263 頁）

正如会泽安提出的，要警惕欧美列强对1825 年颁布《异国船驱逐令》的报复，加强海防。以 1842 年英国在鸦片战争中的胜利为契机，佐久间象山也发觉了海防的重要性。

然而，佐久间在鸦片战争后不久提出的海防论与会泽在 17 年前颁布《异国船驱逐令》之际批判的"刺猬论"相近：在日本全国，除了不临海的 12 个令制国（上野、下野、甲斐、信浓、飞驒、美浓、近江、大和、山城、河内、

佐久间象山

丹波、美作），其余所有令制国（共 56 国）均修筑了具有强大攻击力的炮台（同前书，第281 页）。

但是，我们不能据此就判断，与 17 年前会泽的海防论相比，佐久间的海防论倒退了。佐久间的对外认识是，既然打败清朝的英国趁势要求日本开国并可能直接发动攻击，那么现在开始制造军舰已经来不及了。

更何况，当时的幕府不仅完全没有废除《大船建造禁令》、建造军舰的打算，而且受到鸦片战争的威胁，甚至想要撤销《异国船驱逐令》。如此一来，就连各藩一直进行的炮台建设也会被迫停止。为了防备英国的侵略，哪怕只是加强炮台也好——佐久间的主张也是有一定道理的。

"东洋道德，西洋艺术"

佐久间在 1853~1854 年美国舰队来日之后，开始支持会泽安与德川齐昭的"巨舰大船主义"。其后，他在吉田松阴偷渡美国未遂事件中受到牵连，蛰居在松代藩中，写作了《省愆录》

（『省諐録』）一书，其中鲜明地表述了自己的立场："炮台不以多为贵，炮舰不以多为厌。"（同前书，第259页）

佐久间的名言"东洋道德，西洋艺术"也出自这本书（同前书，第244页），但值得注意的是，他所谓的"东洋道德"从一开始就排除了儒学："现今所谓的儒者究竟有何建树？（中略）有其不多，无其不少，乃无用之学。"（同前书，第249页）如果说儒学是"无用之学"，那么佐久间的"东洋道德"是以什么作为支撑的呢？

一般认为，在幕末的思想家中，对于欧美的科学技术理解最为深刻的人是佐久间象山，而对政治思想的理解最为透彻的当属熊本藩实学党的横井小楠。关于佐久间，横井在1856年曾写道：

> 西洋通信事业逐渐繁盛，诸夷〔欧美诸国〕陆续到来，彼等教法、政事自然为人所知，我邦人〔日本人〕中有聪明奇杰之人物，（中略）不知不觉间陷入邪教〔基

督教〕,（中略）此事犹如对镜照面般清晰明了。佐久间修理〔象山〕等人已然堕入邪教。

（同前书，第481页。着重号为笔者所加）

横井小楠

横井当然知道佐久间在提倡"西洋艺术"之前还打着"东洋道德"的大旗。然而,他批判佐久间的观点,认为随着"西洋艺术"的比重越来越大,"东洋道德"的比重就越来越小。横井如下论述道:

修理〔佐久间象山〕虽然没有宣扬邪

教，但提倡政事、战法一切依据西洋之道
理，妄言圣人之道中唯有部分《易经》〔五
经之一〕有道理。这便是其堕入邪教的真
实情况。

（同前）

在横井写下这些文字的 1856 年，西乡隆盛
已经在江户的萨摩藩邸作为庭方役①受到藩主岛
津齐彬的重用。岛津齐彬不仅是开明强大的大
名〔同样的大名还有越前的松平庆永（春岳）、
土佐的山内丰信（容堂）、尾张的德川庆胜等〕，
而且与旗本级别幕臣中的开明派文人〔如岩濑
忠震、川路圣谟、大久保忠宽（一翁）、江川
太郎左卫门、高岛秋帆、胜海舟等〕交好，佐
久间象山也是其中一人。一般认为，西乡对佐
久间的评价就是在这段时间形成的。西乡认为，
提倡"政事、战法一切依据西洋之道理"的佐
久间象山"在学问与见识方面""超群卓越"。
顺便介绍一下，横井小楠概括的佐久间提倡的

---

① 武家职位名称，负责庭院的管理。

"西洋一边倒"，如果用佐久间自己的话来说就是：

> 道德、仁义、孝悌、忠信等教义尽遵汉土圣人之模训〔教导〕，天文、地理、航海、测量、万物之法则、炮兵之技能、商法、医术、器械、工作①等皆以西洋为主，集五世界之所长，成就皇国之大学问。

（同前书，第311页）

仅从列举的项目来看就可明白佐久间的西洋崇拜。更加值得注意的是，他提出以"道德"一词总称的四个方面（道德、仁义、孝悌、忠信）"尽遵汉土圣人之模训"。正如前文所述，佐久间轻蔑地将儒学视作"无用之学"。即便如此，他也认为如果不是将"儒教"当成一门"学问"，而是当作"道德"的话，"尽遵汉土圣人之模训"也未尝不可。

这一点展现了佐久间象山的西洋主义的界限，也经常被后人提及。但是，佐久间以一种

---

① 指土木、建筑、制造等行业。

居功至伟的态度论述自己勉强做出的妥协，这让人不由想起二战后被占领军从"国体论"中解放出来的进步派的傲慢姿态。

比起这一点，更重要的是，佐久间并不认为只要单纯制造大炮和军舰就够了。他强调在大炮和军舰的背后，是数学、物理学、工学和经济学。从这一点来看，佐久间对于欧美的理解比提倡禁止兰学的会泽安高了好几个层次。

因恐惧基督教而禁止兰学的水户藩在军舰制造上的失败，就是上述结论的清晰体现。1856年，水户藩依靠日本自己的技术制造了军舰"旭日丸"，它虽为大船，却非蒸汽船，完全不具有实用性，被当时的人们诟病为"麻烦丸"（厄介丸）（『德川庆喜公传』第一卷、174～175页）。

西乡隆盛的八位同志

上文已经说过，在1857~1858年的一桥庆喜拥立运动中，西乡对于是"开国"还是"攘夷"的问题几乎不怎么关注。其明证之一就是西乡在1859年旧历一月写给大久保利通的书信。此时的西乡因在"安政大狱"中受到牵连，即将前往奄美大岛隐居。他在其后三年间都没有回到鹿儿岛，事实上算是遭到流放。鹿儿岛的大久保写信询问西乡，在其流放期间，应该与其他藩的哪些有志者继续保持联系。西乡写了封信回复他。因信件内容很短，在此先录其原文如下：

> 我能想到的诸藩有志者如下：
> 水户，武田修理、安岛弥次郎。
> 越前，桥本左内、中根靫负。
> 肥后，长冈监物。
> 长州，增田〔益田〕弹正。
> 土浦，大久保要。
> 尾张，田宫弥太郎。
> （『大久保利通関係文書』第三卷、284頁）

八位"有志者"中，越前藩的桥本左内与中根靫负（雪江），以及尾张藩的田宫弥太郎（如云）三人是积极的开国派。但是，其余五人中，水户藩的武田耕云斋[1]、安岛带刀[2]，肥后藩

---

[1] 即前述武田修理，耕云斋为其号。
[2] 即前述安岛弥次郎。

的长冈监物，土浦藩的大久保要均为水户学"攘夷论"的信奉者；长州藩的益田弹正是吉田松阴的门下弟子，而吉田松阴是堪与水户学派比肩的"攘夷"论者。《西乡隆盛传》的作者指出，"如开国锁国论这般论题并非隆盛等人主要的着眼之处"（本书页边码第5页），确实切中要害。

西乡隆盛与吉田松阴

就这样，西乡不问"开国"还是"攘夷"，将这八位"有志者"托付给大久保利通。但是这八人并不包括此后将对"尊王攘夷论"产生巨大影响的吉田松阴。

实际上，五位"攘夷"论者中，长州藩的益田弹正、肥后藩的长冈监物、土浦藩的大久保要三人，不仅与西乡交好，而且与吉田松阴也交情匪浅。

益田弹正是长州藩的家老，被西乡列为"有志者"之一，同时也是吉田松阴的门下弟子。西乡总共被流放了五年多的时间，在他终于得到赦免，作为萨摩藩的大人物重返政治舞台时，长州藩企图利用武力逼迫朝廷断然"攘夷”，即所谓的“禁门之变”。当时作为行动指挥的益田，事后引咎切腹。

肥后藩家老长冈监物，在被西乡列为八位“有志者”之一的约半年后就去世了，他与西乡及吉田，乃至长州藩家老益田都有深厚的交情。长冈曾是崇拜水户藩主德川齐昭的“尊王攘夷”论者，但事实上佩里来航要求日本“开国”时，他支持了齐昭提出的“拖延论”（堤前揭『横井小楠の実学思想』439 頁）。西乡不拘泥于是“开国”还是“攘夷”，而是将关注点集中在幕府改革上，提出了“搁置论”（棚上げ論）。他的这一理论与长冈监物提倡的“拖延论”类似，这一点可以从长冈关于如何应对美国的提议中清楚地看到，前揭堤克彦的书引用了如下一段：

> 虽然我们很早就知道外国希望通商之事，但如果我国遵守中古以来之国法，决定拒绝其一切要求的话，那么不用说，此番也难以同意（佩里的要求）。
>
> 但是如果他们无论如何也希望进行交易和通信，那么就让他们再等上五年吧。日

本乃帝王之地，由列侯共同守护，因此特别是关于制定新法之事，将军家难以独断，首先上需听从帝王旨意，下需与列侯商谈，上下一致决定后才不至于给出奇怪的答复。

当然，并不是说等上五年后就会允许他们进行交易。（中略）此次不论对方如何要求答复，我们也不给出答复。（中略）请五年到期之际再来日本。

（转引自堤克彦前·書，429～430 頁）

现在关于是否"开国"无法给出回答。五年内天皇、将军、强大大名将合议给出答复，故而回复列强，请他们五年到期之际再来日本。这就是典型的"拖延论"。

当然长冈并不是直接与佩里会面后如此答复的，恐怕是向幕府的外交负责人如此献策的吧。

如果暂时忘却今日对这种"拖延"对外政策的批判，从幕末政治发展的观点来看，长冈的这一意见中含有重要的几点内容。

信奉水户学的长冈将天皇置于将军之上是理所当然的。不过，长冈还论述了强大大名合议体制的必要性。这一点与将在后文探讨的西乡隆盛的"合纵连横论"一致。可见，西乡有充分的理由将长冈列入"有志者"的名单。

吉田松阴的决战论

将佐久间象山尊为师长的吉田松阴，与会泽不同，他鼓励兰学。然而，在"国体论"上，吉田是会泽忠实的继承者，与佐久间提出的华而不实的"东洋道德"有明显的区别。这在他的如下两首和歌中表露无遗：

> 亚墨奴 [①] 与欧罗
>
> 即便相约同来
>
> 若吾有备则无患也

> 国防之准备
>
> 不在坚船与利炮
>
> 而在吾敷洲 [②] 大和魂
>
> （『日本思想大系』第五四卷、124 页）

---

① 指美国，后文的"欧罗"指欧洲。
② 指日本。

西乡隆盛在 1859 年年初列出的八位"有志者"并不包括吉田松阴；同样，吉田似乎也不知道西乡这个人。长州藩士来原良藏在 1855 年获允游学之时，松阴建议他前往近年来在增强军备方面取得显著成果的萨摩藩，但同时也说道，"我虽不知彼藩之人，但青木医师等人应当结识"（同前书，第 197 页）。可见松阴的人脉网络中欠缺了萨摩藩这一块。

西乡与吉田没有交集的原因之一，可能是松阴的"攘夷论"与长冈监物的"拖延论"不同，没有夸夸其谈的内容。在佩里宣称翌年春将再次来航并从浦贺离开的一个月后，即 1853

吉田松阴

年旧历七月，松阴在给藩中兄长杉梅太郎的书信中写道：

> 兄长应该已经熟读了之前来到浦贺港的夷人提出的文件，（中略）好好思考过虏情〔化外之民的事情〕了吧。愚弟一想到天下之事发展为今日之状，只能且悲且愤。（中略）天朝、幕府若为天下万世考虑，则决不可允许此事，无论如何应在明年春天与之一战。
>
> （同前书，第100页。着重号为笔者所加）

当然，师从佐久间象山学习西洋兵学的吉田松阴十分清楚，不仅是日本人不擅长的海战，而且即便是在日本人一直以来引以为豪的陆战中，日本也会惨败于美国。就算这样，松阴依旧决然地写道："来春一战，群臣尸横遍野，如能报二百年之大恩，更不会惋惜。"（同前书，第101页）

松阴一直呼吁在松下村塾学习的长州藩士践行攘夷，哪怕已然做好战败的思想准备。

五年后，《日美修好通商条约》签订前，天皇命令幕府攘夷，幕府命令长州藩执行时，松阴将品川弥二郎招到松下村塾来，指示塾生一同展示平日学习的成果（同前书，第230~231页）。

在松阴将品川弥二郎（当时16岁）招到松下村塾来的1858年旧历四月，水户、尾张、越前、萨摩、肥后等强大大名专注的并非"攘夷"，而是幕政改革（即将一桥庆喜推上继任将军之位的改革）。上文曾提到，西乡将长州藩家老益田弹正列为"有志者"之一，由此可以推断，长州藩的领导层也支持改革。只有在吉田松阴影响下的长州藩士才认为此次幕政改革是为了践行攘夷而进行的。

上层武士的幕政改革运动

西乡与吉田没有交集点的另一个原因可能是，西乡告诉大久保利通的八位"有志者"中，有七位是家老或相当于家老级别的上层武士。上文既述，西乡自己是属于萨摩藩士八个等级中第七等级的下级武士，但他列出的八人中与自己一样是下级武士的只有越前藩士桥本左内（俸禄 25 石五人扶持）① 一人。

再看看其余七人，武田耕云斋是水户藩的若年寄 ②；安岛带刀是水户藩的家老；中根雪江与桥本左内同为越前藩士，但其家禄是桥本的 28 倍（即 700 石）。长冈监物是肥后（熊本）藩家老；益田弹正是长州藩家老；大久保要是土浦藩的公用人 ③；田宫如云是尾张藩的城代家老 ④，家禄为 1500 石。

被萨摩藩的低级藩士西乡隆盛称为"有志者"的，几乎都是水户、越前、肥后、长州、土浦、尾张的家老级藩士。

从这一点可以看出，在 1857~1858 年的一桥庆喜拥立运动中作为中心人物的岛津齐彬，

---

① "扶持"是主君发给家臣的俸禄，一般按照每人每日 5 合（容量单位，1 合约为 0.18 升）粮食的标准，一次性发放一年的米或相应的钱。武士根据身份不同可获几人扶持，五人扶持大概可供五个家庭成员生活。

② 江户幕府的职位名称。地位仅次于老中，管理旗本和御家人。

③ 江户时代，在大、小名家中负责与幕府相关的事务的人。

④ 江户时代，城主不在时，代替城主守卫城堡、执行政务的家老。

命令担任庭方役的下级藩士西乡隆盛负责与强大藩国的家老进行联络的工作。可以想象，因为越前藩主松平庆永也同岛津齐彬一样是该运动的中心人物，故而该藩下级藩士桥本左内也承担了与西乡相同的工作。这一点或许也是西乡提到的长州藩"有志者"是家禄 12000 石的家老益田弹正，而非因出逃之罪被剥夺仅仅 57 石家禄的下级武士吉田松阴的原因之一。

在 1857~1858 年强大大名们发起的一桥庆喜拥立运动中，执着于"攘夷"的原长州藩下级武士吉田松阴，并不符合前者定义的"有志者"的条件。

第二章　安政大狱与西乡隆盛

1　先贤受挫，西乡登场

岛津齐彬的信任

在佩里初次来航之际，抱持"攘夷论"和"海防论"的人没有用武之地，都沉浸在自嘲的情绪中。水户藩的德川齐昭，在被老中阿部正弘问及收下美国总统的国书一事是否正确时，回答道，"当初任凭拙老忧苦上谏，不蒙采纳，如今也不知该如何处置"（『德川慶喜公伝』第一卷、133 页）。另外，根据吉田松阴的书信可知，同一时期佐久间象山也曾说过：

　　我知道事情会发展到如此地步，故而前几年便就船与炮之事频频上书，然而未被采纳，以致今日除以陆战一决胜负外别无他法。若是不论发生什么都依仗太平盛世，腹鼓击壤，就会沦落到这步田地。狼狈至极，实乃可悲，可悲。

（一八五三年旧历六月六日吉田松陰書簡、『日本思想大系』第五四卷、91 頁。着重号为笔者所加）

在鸦片战争发生后的 1842 年，幕府废除了《异国船驱逐令》，佩里来航之际，日本的防卫设施极其贫乏。就连防卫江户的要地相模湾和房总半岛上，每一千米也只有两三门旧式大炮，为数甚少的洋式大炮也没有配备足够的弹药。另外，由于《大船建造禁令》的存在，日本没有一艘可以迎击佩里舰队的军舰（『德川慶喜公伝』第一卷、130 ～ 131 頁）。

上文既述，会泽安与佐久间象山均通过各自的藩主，持续提出修筑炮台、建造军舰的请求。然而，他们的提案完全没有得到重视，就这样，日本在 1853 年迎来了佩里舰队。越来越清楚的是，日本缺乏的不是海防策略，而是没

岛津齐彬

有构筑能够实现这些策略的政治体制。西乡隆
盛正是在这种时候，得到藩主岛津齐彬的信任，
登上了政治舞台。

　　1851 年，时年 43 岁的岛津齐彬成为藩主。
在此之前，他作为外样大藩的世子（后继者）
长期居住在江户。这是因为根据参勤交代的制
度，各藩有义务将正房夫人和世子送到江户居
住。在此期间，齐彬不仅与水户的德川齐昭、
越前的松平庆永交好，而且也和幕府内开明派
的中坚官僚加深了交流，其中就有在佩里来航
之际背负对美交涉重任的海防负责人岩濑忠震、
大久保忠宽，以及勘定奉行川路圣谟。

　　岛津齐彬既与持"攘夷论"的齐昭及其家臣藤田东湖、户田忠敞等人保持联系，又与持"开国论"的越前藩主和幕府中坚人物有所交流，而他作为藩主首次因参勤交代抵达江户的时间，就是佩里初次来航的翌年。这一点，无论对于齐彬还是西乡都十分有利。先将"攘夷"与"开国"之争搁置不谈，无论要实现哪一方的策略，首先都必须构建朝廷、幕府、亲藩、谱代、外样大名的合作体制。最适合来做这件事的，就是萨摩藩主岛津齐彬。

　　西乡隆盛得到齐彬的信赖，与水户、尾张、越前、肥后、长州等诸藩的家老级重臣都加深了交流，其成果就是第一章提到的"有志者"名单。原本只是作为齐彬的代理人（名代）而构建起来的关系，之所以后来能够发展为相互信赖的同志关系，很大一部分原因是西乡的才能德行出众。不过，这一时期萨摩藩将与藩外的交涉工作集中由一人负责的方式，也有助于西乡成为"有志者"中的一员。在西乡隐居奄美大岛后，吉井友实在江户藩邸发挥的作用就与西乡一样。

是"开国改幕"还是"开国佐幕"？

如前言所述，在 1858 年《日美修好通商条约》签订之际，西乡并不怎么关心是开国还是锁国的问题。这不仅仅是西乡一个人所持的态度。幕末政治史研究的第一人——已故的佐藤诚三郎先生曾分析道，"就管见所及，没有确切的史料证明当时雄藩藩主们曾向朝廷上书，恳求天皇拒绝敕许条约。他们中的大多数人都承认当时已然不得不签订通商条约了"（佐藤誠三郎「幕末における政治的対立の特質」、『日本思想大系』第五六巻、572 頁）。

另外，对于"一桥世子〔庆喜〕派……即欲行一大革新之人"（参见页边码第 4 页），即对将庆喜推举为羸弱的将军家定的后继者一事最为重视的，也不仅限于西乡一人。佐藤氏也论述道，"对于拥立庆喜的人而言，比起是否赞成签订通商条约，更重要的是能否拥立庆喜当上将军"，并且将肥后藩家老长冈监物的如下主张作为例证：

根本问题在于庆喜公能否得到君位，

天下之兴废在此一举。（中略）其余皆为细枝末节之事，不足与论。

（转引自前揭佐藤论文，第572页）

第一章已经说过，长冈监物是德川齐昭的崇拜者，也是西乡所列"有志者"之一。

众所周知，阻碍扶持一桥庆喜为将军后继者的活动的，是以大老井伊直弼为中心的谱代大名。他们是在1600年的关原之战以前就追随德川家康的三河武士的后裔，虽然家禄远远低于御三家、亲藩、外样雄藩的大名们，但作为老中和若年寄紧握着幕府中枢的权力。具体而言，除了唯一的例外，即大老井伊直弼的彦根藩拥有35万石外，四五名老中的家禄在10万石左右，四五名若年寄的家禄只有1万~2万石。如果将之与萨摩藩的77万石、越前藩的32万石、土佐藩的24万石相比，可以明显地看出谱代与亲藩、外样之间的家禄差距。

理所当然的是，手握幕府中枢权力的中小大名对于开国态度积极，对于幕府改革却态度消极。与此相对，领地规模远远凌驾于老中和若年寄之上的亲藩、外样雄藩，即便在开国一事上支持幕府，也想利用对外关系的大转折来增强自己对幕政的影响力。这就是所谓"开国佐幕"和"开国改幕"的对立。

可以很容易地判断，这种对立的顶峰就是井伊直弼的"安政大狱"。不过，在这两大势力的外围，其他诸般势力的动向也与"安政大狱"密切相关。

其中就有位于谱代大名掌控的老中、若年寄之下的大目付、目付、三奉行的动向。虽然大目付以下的幕府役人都是从旗本中任命的，但是这些家禄不满 1 万石的旗本武士想要晋升至若年寄一职都是不可能的，更遑论老中了。用现在的说法来讲，大目付、目付和诸奉行都是非职业官僚（noncareer）的职位。

如此说来，或许有人觉得 18 世纪的幕府与 21 世纪的霞关①采用的是相同的官僚制度。然而，后者的职业官僚（career）与非职业官僚之间至少还有是否通过"国家公务员综合职位录

---

① 地名，位于东京都千代田区，是政府机关的集中地。此处代指现在的日本政府。

用考试”的界限。①当然，从社会学角度来分析，学历本身也受限于家庭的富裕程度，因此是否通过考试也不仅仅取决于个人的才能和努力。但是，江户时代的官僚甚至没有考试可以参加。只要其父母是旗本，不论其个人才能高低、努力与否，职业的顶点就只能到大目付了。

江户时代的"等级社会"

比起幕府的中央官僚，各藩的武士更是被细分为不同的家格②，其身份等级也由此固定下来，这一点已经通过西乡隆盛的事例予以说明了。通常认为，分别代表幕府和倒幕派的两位英雄——胜海舟与西乡隆盛于 1864 年（元治元年）旧历九月首次会面，但这只不过是从成功

① 在日本，高级官僚及其候补人选的录用、晋升制度被称作"事业制度"。在录用时，通过"国家公务员综合职位录用考试"的人成为干部候选，被称作"职业官僚"，他们多出自以东京大学为首的名门学府；而通过"国家公务员一般职位录用考试"的人则作为普通职员进入政府工作，被称作"非职业官僚"。

② 指在一定地域范围内被承认的家族地位和资格。家格显示了某个家族的社会性地位，在江户时代尤其得到重视，不仅是公家，乃至武家、庶民都被分为相应的家格，人们必须遵从与家格相符的生活方式、礼仪和习惯。

的明治维新的角度回顾过去的说法。如果从幕末政治史的角度出发，仿佛可以看到这次会面的两位领军人物协商破除旧制度时的身影，他们两人都是在僵化的幕府和诸藩身份制度下苦战抬头的。

当然，他们在这次会面中不可能谈得如此深入，二人不过是对大久保一翁（与胜海舟一样属于旗本）提倡的封建二院制（将在后文介绍）产生共鸣罢了。

然而，笔者之所以想象了此次会谈的内容，有以下两点理由。

第一，笔者想强调的是，江户时代是今日你我无法想象的"等级社会"。近300位大名中，家禄从102万石到1万石不等，有巨大的差距。不仅如此，正如此前所举萨摩藩的例子，各藩内部还存在好几个武士阶级。另外，幕府要职之间的差距也在前文有所提及，更不用说超过5000人的旗本中并非每个人都能像胜海舟这样成为奉行。仅仅是"士农工商"中的"士"中就存在超乎想象的巨大的等级差距。

近年来，将21世纪的日本定位为"等级

社会"的观点十分盛行。笔者自己也主张建设"去冗存精的小福祉国家",缩小等级差距;但不赞同将江户时代作为模范效仿的言论。因为国祚250余年的江户幕府时代不仅是个极端的"等级社会",而且无数的"等级"之间完全没有流动性,是一个糟糕透顶的社会。

旧体制的崩溃

第二个理由是,如果将"改革→革命"的明治维新作为大前提,那么必然存在"旧体制的崩溃",这也是笔者想要强调的一点。

笔者在前著《日本近代史》(『日本近代史』ちくま新书)中,将1857~1937年的80年间的日本近代史分为"改革→革命→建设→运用→重组→危机"的六个阶段,并且假定1937~1945年是第七阶段,即"崩溃"的时代。换言之,笔者将这80年描述为始于"兴"、终于"亡"的"兴亡史"。

不过,理所当然的是,"兴"之前还有"亡",那就是统治日本250余年的旧体制——德川幕藩体制开始从内外两方面崩溃。

　　"崩溃"的征兆在于第一章所述 1825 年颁布《异国船驱逐令》时幕府内部产生的不满。幕府之前已经颁布《大船建造禁令》，此时既不废除这一禁令，又要求驱逐异国船，这就意味着除了不临海的 12 个令制国以外，其余 56 个令制国均不得不建造炮台。这不仅是不可能完成的，而且对于已经进入蒸汽船时代的欧美舰队来说毫无作用。唯一的对抗策略便是日本也建造蒸汽船，但幕府丝毫没有废除《大船建造禁令》的意思。当德川御三家之一的水户藩觉察到这种徘徊不前的状态时，"崩溃"还是"改革"就逐渐成为幕末政治的中心课题了。

　　前文既述，1842 年鸦片战争中清朝败于英国后，幕府的应对可谓左支右绌。本来幕府应该采取的措施是强化《异国船驱逐令》，并且废除《大船建造禁令》。虽然何时会与英国一战还要视情况而定，但当务之急应是利用前一措施建造炮台，利用后一措施让各藩建造军舰。而幕府却采取完全相反的做法，不仅没有下令建造军舰，甚至废除《异国船驱逐令》，连修建炮台的举措也停止了。

加速"崩溃"的"安政大狱"

历史学者并不认可的通俗说法，很多时候在以舆论界为代表的各界精英之间获得了信众，其中就有关于"安政大狱"的。我们通常看到的版本是：强大诸藩的藩士们向朝廷控诉，大老井伊直弼签订的《日美修好通商条约》是没有获得朝廷许可、违背"锁国"祖法的"违敕条约"；知道世界大趋势、明白"开国"必要性的井伊，为了将保守的"攘夷论者"一扫而光，发动了"安政大狱"。

根据这种通俗的说法，西乡隆盛所谓的八位"有志者"之一、越前藩士桥本左内，就是因向朝廷上谏攘夷而于1859年旧历十月被处死刑的。

然而，桥本左内在藩主松平庆永的授意下前往京都四处活动、做朝廷的工作，是为了让朝廷同意幕府签订条约，因为欧美诸国的贸易要求自有其合理之处，拒绝要求并与之一战的话，不仅违背道理，而且在军事上会导致日本走上亡国之路（一八五八年旧历二月、内大臣三条实万宛桥本左内呈書、『日本思想大系』第五五卷、551 ～ 556 頁）。在这份上书中，桥本左内甚至主张，自开幕的家康以来，幕府一直秉持"尊王"之道，因而不应将其与近年来突然开始鼓吹"尊王"的攘夷论者混为一谈。可见他支持《日美修好通商条约》的内容，以及幕府签订条约的决定，并且将其观点付诸对朝廷所做工作之中。

各持己见

如前所述，井伊大老发动的"安政大狱"是"开国派"对"开国派"实施的镇压，双方真正的对立点在于第十三代将军的后继者之争。为了应对对外危机，必须建立不仅包括幕府，而且包括强大的亲藩大名和外样大名在内的举国一致体制——持这种观点的人拥立水户藩主的亲儿子一桥庆喜，并试图让朝廷支持己方；与此相对，以谱代大名为中心的幕府想要拥立纪州藩主德川庆福（家茂）。

将军的后继之争发展为对一桥拥立派的大镇压有以下两个原因。

其一，一桥拥立派试图获得朝廷对将军后继者的敕许，而另一方面，幕府也在寻求让朝廷敕许《日美修好通商条约》，这两方面请求敕许的活动交错在一起。

幕府方面认为，本应轻轻松松获得朝廷承认的条约迟迟没有取得敕许，是因为一桥拥立派在朝廷中搞破坏。相反，一桥拥立派算计到，幕府此时急于获得条约敕许，如果朝廷提出要将一桥庆喜作为将军后继者，那么幕府就不得不接受这个条件。

而对于此时的状况，空有权威而无实力的朝廷也产生了误解。不知海外形势而厌恶"开国"的公卿们，同时也对亲藩大名和外样大名的政治体制改革的动向十分迟钝。他们误以为推举一桥庆喜为第十四代将军的亲藩大名和外样大名与自己一样是"锁国"论者，故而拒绝给予幕府他们想要的条约签订敕许（以上参见佐藤前揭论文，第567~573页）。

在这种国内政治势力三足鼎立的情况下，再加上美国领事馆催促签订条约的压力，手握幕府中枢权力的井伊直弼同时面临内忧外患。

作为谱代中最大的大名，井伊直弼于1858年旧历四月就任大老一职，并且在没有获得天皇敕许的情况下强行签订了《日美修好通商条约》，并且公布将纪州藩主德川庆福作为将军家定的世子（六月）。很快，幕府就命令御三家之一水户藩的前藩主（德川齐昭）禁闭自省，同为御三家之一的尾张藩的藩主（德川庆胜）与亲藩越前藩的藩主（松平庆永）隐居，一桥家家主（一桥庆喜）此后不得登城。

此时幕府的借口是这些人为了让朝廷敕许拥立庆喜为继任将军而暗中活动，因此，既不惜为签订条约粉身碎骨又对庆喜抱有期待的幕府中坚官僚，如岩濑忠震、永井尚志、川路圣谟等人，也成为处分对象，不仅被免职，而且被命隐居。甚至，越前藩士桥本左内、原长州藩士吉田松阴被判死刑，土浦藩大久保要受到永久禁闭（居家自省）的处分。这些刑罚的理由——与"开国"正确与否无关，而是因为这些人参与了一桥庆喜拥立运动——对于我们认识"安政大狱"的性质十分重要。

然而，对于以西乡隆盛为主人公的本书而

言，正如第一章记述的那样，重要的是，西乡隆盛提到的八位"有志者"中有三名因参与一桥庆喜拥立运动而受罚。水户藩家老安岛带刀受命切腹，越前藩士桥本左内被处死刑，土浦藩士大久保要被处永久禁闭。

2 西乡与"留守萨摩"

"留守政府"

西乡隆盛在岩仓使节团考察欧美期间接手了"留守政府",并于 1873 年(明治六年)因鼓吹"征韩论"而下野。西乡因此事而闻名。这时西乡率领的"留守政府"显然已经落后于时代的发展了。

然而,在幕末的 1859~1864 年五年间,与上述情形完全相反的事情发生了。在西乡被流放到奄美大岛、德之岛、冲永良部岛的五年间,"留守萨摩"明显从岛津齐彬和西乡隆盛制定的改革路线上后退了。其结果就是 1863~1864 年萨摩与长州之间发生的正面冲突。本来两藩应该携手推翻完全落伍的幕府，结果却把幕府放在一边，彼此发生了激烈冲突。

西乡自1859年年初蛰居于奄美大岛时起，就一直担心齐彬与他都不在藩内，萨摩藩会向这样的方向发展。这是因为他察觉到，齐彬死后事实上的藩主岛津久光，以及西乡自己不在时统领萨摩下级武士的大久保利通，有可能在没有与其他亲藩和外样诸藩合作的情况下擅自行动。他写下包括长州藩家老益田弹正在内的五大藩（以及土浦藩）八位"有志者"的名单并将其寄给大久保的意图便在于此。

此时西乡不仅是在告诉大久保这些超越"攘夷""开国"界限的"有志者"的名单，而且是在告诫他，不要愚蠢地在没有联合其他强大藩国时让萨摩和肥后单独行动。

当大久保写信告诉他，如果驻萨摩藩江户宅邸的堀仲左卫门（伊地知贞馨）送来肥后藩有志决断的报告，那么自己将带领萨摩藩下级武士决然起义时，西乡回答道：

你说若堀送来肥藩下定决心的消息后

要如何如何。

　　我思忖良久，即便肥藩是时候下定决心了，但也应向越〔前〕去信一封，待其答复后再行举事，切莫疏漏敷衍，应与越合计后行动。

　　　　　　　（『西乡隆盛传』第二卷、5页）

　　可见，西乡最重视的是与亲藩越前藩的联手，后者以推举一桥庆喜、改革幕府的体制为目标。

　　西乡重视的不只是与外样大藩萨摩藩和德川亲藩越前藩之间的合作，他还进一步劝说大久保与筑前（福冈）、因州（鸟取）、长州三藩采取共同行动。再加上之前所说的"肥藩下定决心"，可以说西乡是在忠告大久保：首先要重视萨摩、肥后、越前三藩的结盟，其次要与福冈、鸟取、长州三藩合作。

　　西乡提出的避免一藩单独行动（此处是指肥后与萨摩两藩单独行动）的忠告，其实暗含不要仅凭两藩有志之士就发起决死行动的劝诫。虽然为了成就大业不惧死亡，但志士不应白白牺牲——西乡对大久保的忠告在以下文字中很好地表现出来：

> 若举事之机万事俱备，长久以来早有觉悟，恳请同志急速出击。届时若迟疑不定即非忠义之人。但若没有等待良机，只是让同志白白牺牲，你就认为已然实现忠义了，我觉得甚为不妥（下略）。

> （同前书同卷，第5~6页）

不喜欢白白牺牲的西乡说道，如果是为了大义，不仅他自己可以献出生命，而且做好了对同志见死不救的觉悟。但即便是同志被杀害了，如果没有像前面所说那样与三藩乃至六藩达成协调，也千万不可起事。

大久保说，如果驻扎在江户的同志堀仲左卫门被幕府官吏发现，那么就与同志们一起决然行动。对此西乡评论道：

> 我认为，盟中之人所谓的"遭遇难关"，是指导致我们采取无谋之行为的事态，这是

有志者应有的态度。望君能够甄别事态的大小之分。（中略）堀为何而奔走，请察其心志。他难道不是为了向天朝尽忠而决心赴死的吗？既然如此，继承其遗志便是同盟得以结成的根本所在。

（同前书前卷，第6页）

这段话足以体现出西乡的精神力量，这种力量让他能够忍耐长达五年多的远岛①生活，为实现明治维新而竭尽全力。

以上，我们可以更加明确地看出，"安政大狱"前后的西乡一直贯彻的是联合强大的大名们拥戴天皇，然后改革幕府的方针。即便他此时尚未想到"倒幕"那么远，从"盟中"同志的目标是"为了向天朝尽忠"这一句话来看，他的目标也是以强大诸大名的合议来实现"王政复古"。与此同时，西乡自己也认识到，强大诸大名的"王政复古"必须通过像自己和大久保及堀这样的下级武士的活动才有可能实现。

① 江户时代，幕府及部分藩国实施的一种刑罚，与中国的流刑不同，将受刑者发配岛上，不定刑期。

在隐居奄美大岛之前，西乡就已经想出了二院制议会的原型，即强大的大名们组成的上院和下级武士中的活动家组成的下院。

是保护还是流刑？

西乡离开鹿儿岛、前往奄美大岛是在 1859 年 2 月 2 日（安政五年十二月三十日）。

西乡与清水寺住持、时任左大臣近卫忠熙的侧近僧人月照一起，试图躲避前一个月发生的"安政大狱"之难，其结果是月照溺死，只有西乡一人隐居到萨摩藩内的大岛上。

眼下的问题是，西乡并非被萨摩藩处以流刑，而是该藩为了保护西乡不受幕府的追究而让其前往大岛的。事实上，藩厅让西乡改名为"菊地源吾"，并发给他一定的俸禄（同前书第一卷，第 146~147 页）。不过，西乡在其后三年都没能回到鹿儿岛，这也暗示他有可能确实受到了远岛的刑罚。西乡自己也向大岛的役人抱怨道，"被当作远岛人一般（中略），实在难以忍受，让人困顿"（同前书第二卷，第 3 页）。具体而言，西乡愤怒的是，虽然配给大米，但没有锅、薪、油、盐等用品，其待遇如同"远岛人一般"（同前）。但是西乡在 2 月 13 日写给大久保的信里写道，"朝暮之食自己准备，没有比这更苦之事，也没有比这更让人担忧之事"，可见此时已经分配给他锅、薪、油、盐等物（『大久保利通関係文書』第三卷、285 頁）。即便如此，还是很难将住在奄美大岛的小屋里、自己准备餐食的形象与作为明治维新英雄的西乡重合到一起。

然而，在大岛的三年不过是西乡受难的开始而已，真正的苦难还在后面。

西乡流放时的萨摩藩

西乡被流放至大岛的整整三年间，在萨摩

奄美大岛的西乡故居遗址

藩内、京都和江户都发生了些什么？对此，京都大学名誉教授佐佐木克先生的论述，比西乡传记的作者胜田孙弥的论述更加详细。佐佐木先生的《幕末政治与萨摩藩》（『幕末政治と薩摩藩』吉川弘文館）一书以萨摩藩为中心，对这三年间的政治情况进行了实证性的描写。本书对这三年间的叙述基本上以佐佐木先生这本颇费心力的著作为依据，但对同样事情的解释与佐佐木先生的截然相反。说得极端一点，这种解释上的差别源于历史学者对幕末维新史上的主人公的喜好差异，即是喜欢西乡隆盛还是喜欢大久保利通。而且在这背后，还有对幕末时期位居萨摩藩政治权力顶点的岛津齐彬和岛津久光的评价差异。西乡隆盛本可以利用自己充足的知识引导明治时期的日本，却在1859年年初被岛津久光处以整整五年的流刑，笔者对久光只有嫌恶之情，而且对在这五年间鼓励久光尽忠勤勉的大久保利通也难有好感。

萨摩藩主岛津茂久（忠义）承认大久保利通等50人（知道名字的包括西乡在内有48人）

为"诚忠士众人"①，是在西乡渡海前往大岛 10个多月以后的 1859 年（安政六年）旧历十一月（佐々木克『幕末政治と薩摩藩』、26 頁）。根据佐佐木所说，这约 50 人都是在西乡渡海前往大岛不久前以其为中心结盟的同志，他们的脱藩上京计划，也就是所谓的"突出"行动，是以实现西乡渡海前的"义兵计划"为目标的（同前书，第 25 页）。

然而，上文已经介绍了西乡在 11 个月前赴大岛之时寄给大久保的书信，他在信中告诫大久保不要轻举妄动。就笔者看来，西乡的"义兵计划"与大久保的"突出"行动根本不在同一层次上，前者计划与强大藩国合作，而后者仅仅带领萨摩藩激进派"脱藩"上京起事。

除此之外，大久保等约 50 名激进派成员在岛津久光和岛津茂久（藩主）的劝说下，不仅放弃了"突出"行动，而且放弃了与其他藩有志者之间的横向联合。也就是说，藩主与诚忠组就萨摩藩独自"举藩勤王"的路线达成一致（同前书，第 49~50 页）。

---

① 即下述"诚忠组"。

这种"举藩勤王"的路线成为萨摩藩的大政方针，是在1860年（万延元年）旧历三月井伊直弼被暗杀前后；然后逐渐具体化，发展为岛津久光率兵上京计划是在翌年1861年（文久元年）旧历十月，即"皇女和宫"作为将军家茂的正室东下江户之时（同前书，第74~75页）。

对于以西乡隆盛作为主人公的本书来说，有两件重要的事情。

第一，此时，在事实上的藩主久光率兵上京之际，萨摩藩向藩士下发"论书"，严禁鼓吹"尊王攘夷"、"结交四方"并"与各国有志者共襄义举"的行为，若有违禁者则"毫不犹豫处以刑罚"（同前书，第79~80页）。上一章记述的西乡隆盛与八位"有志者"的横向联合被萨摩藩严厉禁止了。当然具体说来，这八位"有志者"中已经有四位乘鹤西去，但重要的是，西乡与他藩有志者进行横向联合的构想与实践都被萨摩藩全盘否定了。

第二，全盘否定了西乡构想的萨摩藩，仿佛出了什么大事一般，将西乡从大岛召回。西乡得以被召回，确实有赖于大久保利通等诚忠组成员的热心疏通，然而，如果大久保能够谨记西乡在三年前渡海前往大岛时留下的话，或许就不会在这一时间点上将西乡召回了。大久保完全没有考虑到，在久光决定由萨摩藩单独出兵上京并且禁止与他藩有志者横向联合的此时，召回重视与强大大名及其重要家臣双重联合的西乡，会造成怎样的后果。

久光与西乡的冲突

西乡得到赦免，从大岛返回鹿儿岛是在1862年（文久二年）旧历二月十二日，但他惹

岛津久光

怒了久光，四月十一日被正式处以流刑。这短短的两个月间究竟发生了什么？

在返回鹿儿岛仅仅三天后的二月十五日，西乡被久光召见，据说他当时说了下面这段话。幕末时期的书信并不容易读懂，所以后文将以分点论述的形式对其要点进行说明。只不过，因为这次会面，明治维新的英雄西乡隆盛真正过上了长达两年的牢狱生活。笔者一想到这一点，就觉得必须在此引用一下该书信的原文。

> 现下所做的一切不过是沿着先公〔齐彬〕决定的轨迹前进，但时移势迁，（久光）难以成就与顺圣公〔齐彬〕同样之事，即使身在江户也难以登城，此时诸侯间的交往也不复存在，如果不改变做法，那么就是时候不得不说看不到成事的希望了。不管怎样，如果大藩的诸侯不能达成一致意见，不能以合纵连横之势行事，那么事情就无法进展。大人想要获得京师庇护的敕诏，同时召集诸大名登城并当场商定事宜，实在是困难之事（中略），若不能实施

合纵连横之策，别说是受到庇护了，恐怕还会遭到相当大的处分。（下略）

第一点，西乡指出了他用心侍奉的岛津齐彬与其异母弟岛津久光之间在威信方面的差别。后者在齐彬去世后掌握了萨摩藩的实权。西乡直言，与先君齐彬在位时不同，"此时诸侯间的交往也不复存在"，这肯定会惹得久光心情不悦。然而，与强大大名及其重要家臣没有面对面的交往——这不仅是久光的弱点，也是代表诚忠组成为久光侧近的大久保利通同样具有的弱点（前揭佐佐木著作，第36页）。

第二点，齐彬与西乡的构想，即与诸强大大名结成横向联合，也就是所谓的"合纵连横"，是现在的久光无法实现的。西乡在第一点中指出的威信不足，也关系到其幕府改革论的根本。

顺便要提及的是，西乡在这里对久光指出的这两点——威信不足与基本构想不足——与他在同一封书信中指出的诚忠组弱点具有相通之处。他这样批判诚忠组：

> 　　鼓吹所谓诚忠派（原文如此）的人们，
> 此前蛰伏而今终于崭露头角，一味头脑发
> 热，首先用一句话来形容，他们就像世间醉
> 酒之人被冲昏头脑时的样子，心知只要嘴上
> 说着勤王便是忠良，但对于当时应如何开展
> 勤王才能得到上意毫无头绪，就连国家的大
> 体情况也不甚明了，对于日本的大形势取决
> 于此毫不知情，也不了解幕府形势，更别提
> 明辨诸国之事情，在这种情况下还说自己为
> 天下之事竭尽全力，实际上是不知者无畏而
> 已，实在是让人无能为力。
>
> 　　（『西乡隆盛传』第二卷、44～45頁。
> 着重号为笔者所加）

　　前述第一点与第二点相关联，进而还有
第三点，即西乡强调就算萨摩藩独自求得天皇
的敕诏，但如果没有取得强大大名的合意，也
就毫无效果。引用的书信中最难懂的一句便是
"获得京师庇护的敕诏，同时召集诸大名登城并

当场商定事宜，实在是困难之事"。根据笔者的理解，这句话的意思是：如果久光单独出兵上京，求得幕府改革（将在下文论述）的敕诏，其他的强大大名也会对此不屑一顾。也就是说，西乡劝说久光，敕诏与强大大名的上京必须"同时"进行。

一个月以后的三月十六日，久光带着侧近小松带刀和大久保利通，率领一千兵力从鹿儿岛出发；四月十六日到达京都。抵京的久光让朝廷同意由萨摩藩单独护卫敕使东下江户，敦促幕府任命一桥庆喜为将军继任者、松平庆永为政事总裁，这一幕十分有名。然而，鲜为人知的是，这一著名的决定完全无视了西乡隆盛的意见，而且在久光即将抵京的四月九日，西乡被限制人身自由，并于同月十一日作为真正的流刑者被押上萨摩藩的汽船"天佑丸"，从大坂出航。

众所周知，当久光在幕政改革方面获得了一定成果，于同年闰八月回京之时，朝廷已经倾向于支持土佐藩和长州藩的"尊王攘夷论"了。久光的幕政改革是依靠萨摩藩自己的军事实力进行的，对此土、长两藩持反对意见，由此可见，被处流刑的西乡的"合纵连横论"才是正确的。

围绕是"开国"还是"攘夷"，萨摩藩与长州、土佐二藩在朝廷上形成对立。事实上对于这一点，久光和大久保与西乡之间也持对立意见，或许这就是西乡被处流刑的直接原因。

此前第一章里已经提到过，1859 年年初即将被流放大岛之时，西乡写给大久保的信上所记八名"有志者"中既有"开国派"也有"攘夷派"。西乡思想的基轴在于"尊王"，他并不在乎"尊王"是与"开国"组合还是与"攘夷"结合。

在 1862 年西乡得到赦免回归鹿儿岛时，这八位"有志者"中仍然在世的仅有水户藩的武田耕云斋、越前藩的中根雪江、尾张藩的田宫如云、长州藩的益田弹正四人。

但是，已经去世的四人的后继者看重这种人脉关系并将其继承下来，进而他们报以期待的不是岛津久光和大久保利通，而是从大岛返回的西乡隆盛，这导致久光决定流放西乡。尤其是福冈藩浪人平野国臣三月二十六日在大坂与西乡会谈，激怒了久光。前者曾将久光的单独出兵和幕府改革骂为"不知天下大势的谬论"（佐藤誠三郎ほか編『日本思想大系』第五六卷、262～263頁）。

平野原本对于久光率兵上京一事本身是持欢迎态度的。他期待朝廷向萨摩藩的一千藩兵下达倒幕的敕诏，再加上在大坂和京都的浪士，将大坂城、彦根城、二条城的幕府兵驱逐出去。

久光上京的目的与平野的举兵论之间最大的分歧在于是"公武合体"还是"倒幕"。久光与大久保的"公武合体论"是指"以一桥为将军，以越前为后见 [①]，此外选拔合适人才就任有司 [②]，扶持幕府，以此攘除外寇"；平野则评论道，这是四年前"安政大狱"没发生时的观点，而此时幕府已经无药可救、穷途末路，这种想法已然不能适应时势（同前书，第 262 页。出自 1862 年旧历一月写给萨摩藩士的书信）。

---

①　在年少的家主、主人等背后作为辅佐的职位及其人。
②　指行使某种职责的官司，也指隶属于该官司的官吏、役人。

平野于三月二十六日拜访了当时在大坂的西乡隆盛，此前久光刚刚下令"取缔一切"以"尊王攘夷"之名"与各国有志者共襄义举"的行为，并明确宣布如有违反这一命令者，会"毫不犹豫地处以刑罚"（佐佐木前揭著作，第79~80页）。

由此，就仅限于萨摩藩内的问题而言，久光得以将判处西乡流刑的行为正当化。然而，从明治维新的时代潮流来看，西乡明显是正确的。主公一人的意见便可决定藩内的舆论，主公一人就能在未经审判的情况下将能干的家臣判处流刑，在这样的制度下，日本难以应对佩里来航以后的外部压力。正因如此，才必须改革幕政和藩政。看来，在给将军家茂安排后见（一桥庆喜）和政事总裁（松平庆永）之前，久光自己更需要后见和政事总裁来辅佐。1862年，从佩里来航算起已过9年，离明治维新还有不到6年。在这样的时间点，即便朝廷与幕府在萨摩藩的协调下建立了合作体制（"公武合体"）、明确了"开国"路线，也不可能抑制住以朝廷与长州藩为中心的"尊王攘夷"论者。

西乡明知久光已下达禁令，仍与有名的"尊

王"论者平野国臣会谈，是为了让"尊王攘夷"论者也成为自己的同伴；而平野求见西乡，是因为即便他们这群"尊王攘夷"论者厌恶萨摩藩，也唯独对西乡区别对待。这一点可以从西乡在流放至德之岛途中写给木场传内的书信中明确看出。以下引文涵盖重要论点，故而虽然稍微有点长，但还望读者谅解。

同〔三月〕二十六日抵达大坂（中略），各地的浪人全都按照堀〔伊地知贞馨〕的计划，潜居于宅邸①□（不明），筑前浪人平野次郎〔国臣〕，此前陪着月照和尚一起前往国中〔萨摩〕，（月照和尚）临终时他也在场，其后他四处徘徊，为勤王而尽力周旋奔走，经历了艰难困苦。

因上述之人极其具有决心，我便对他说，我等将与他同生共死，一旦有了决策后，我们便一同战死吧。当然，大家皆为死地之兵，抛却生国，离开父母妻子，遵照泉公〔久光〕意旨上京来。即便所有人

① 此处的宅邸为萨摩藩在大坂土佐堀二丁目的藩邸。

都抱着必死的信念，但因众人都信赖并仰仗着我，我若不入死地，就无法带领死地之兵（下略）。

（『西郷隆盛伝』第二卷、49～50頁。着重号为笔者所加）

由此看来，平野国臣是西乡奉先主齐彬之命在朝廷活动时结识的同志，与西乡一同出席了在有名的"入水事件"中去世的僧侣月照的葬礼。平野在得知西乡获赦的消息后奔赴大坂，以西乡的性格，他没有办法以久光的严厉命令为由拒绝与平野会面——西乡写信给木场传内就是为了商量此事。另外，引文中的"必死的信念，但因众人都信赖并仰仗着我"一句话，也能够体现出西乡在"尊王攘夷"志士间的声望之高。

从上文可以更加清晰地看到，此后两年间西乡之所以被流放到德之岛和冲永良部岛，完全是因为藩主亲生父亲岛津久光的无知与傲慢。① 作为这本以西乡为主人公的书的作者，我

---

① 　齐彬去世后就任藩主的是久光的儿子忠德（后改名茂久、忠义），但久光作为"国父"掌握了萨摩藩的实权。

实在难以原谅久光。

然而，转换视角来看，现在笔者描绘的是持续约 260 年的德川幕藩体制的崩溃期，因此愚昧的将军、大老，以及愚昧大名的存在都是理所当然的。因为他们就是"旧体制"的象征人物。以创建"新体制"为目标的变革者，受到维护"旧体制"的大名的镇压，其代表性事例便是西乡被岛津久光处以五年有余的流刑。

第三章　西乡重掌权力

1　流刑中的中央政治

政治的两极分化

无论是在 1859 年第一次流刑期间，还是在 1862 年第二次真正的流刑期间，西乡的主张十分明确，并且贯穿始终。那就是"合纵连横"，即由朝廷与幕府，加上强大大名及其重臣，建立举国一致体制，弥合"开国"和"攘夷"之间的对立，跨越这一最大的障碍。

与此相对，将西乡从流放地德之岛转移到冲永良部岛关押起来的岛津久光，意在促成朝廷、幕府和萨摩藩领导的"公武合体"，试图让"开国"成为国家大政方针。四年前前藩主岛津齐彬希望实现的一桥庆喜拥立运动和强大诸藩的联合完全落空，仅存的成果是一桥庆喜就任将军后见、松平庆永（前越前藩主）就任政事总裁而已。

久光是"开国"论者，这一点明确体现在他于1862年旧历闰八月二十一日向天皇上呈的奉答中。久光在护送敕使大原重德前往江户，施压让幕府承认后见、政事总裁两职的设置并返回京都后立即上呈了这封书信，他在其中论道：

> 攘夷一事，乃现今之一大重事，亦即公武〔朝廷与幕府〕隔阂的根源。本来关东已有交换条约一事，若无故提出攘夷，关东必然不会接受，（中略）其理由在于，既然已经缔结条约，此方无故挑起战端，夷人们申诉（日本的）不义非道，各国缔结同盟，速派数十艘军舰，江户海自不必说，同时进攻国内要地之津港，再由防御不周之处侵入内地，这是显而易见之后果。
>
> （勝田孫弥『大久保利通伝』上卷、同文館、342～343頁）

为对抗"攘夷",欧美列强若做此反击,日本会变成什么样?久光的回答是,37 年前会泽安在《新论》中嘲笑道,单是陆战可获胜利,但海战不敌。会泽安在 1825 年、佐久间象山在 1854 年不都强烈指出建造大舰的必要性吗?然而久光在 1862 年提出的主张却仅仅如下:

陆战古来即我长处,(我军)必然不会败走。他们明白若是陆战则无胜利之望,便会派遣数十艘军舰出没于各处要地海口,妨碍江户、大阪①及其他津港之运路,届时我们也不可能派遣军舰将其驱赶,因为水战乃我所短,疑无胜算。

(同前书同卷,第 343 页)

事实确实如久光所言。这已经在翌年(1863 年)的萨英战争、1864 年的四国舰队攻击下关的事件中得到了证明。

---

① 古称"大坂",在江户时代中期二者并用,1868 年明治维新之后正式改称"大阪"。本书的直接引文中遵照史料原本的用法,正文中以 1868 年为分界线。

然而，基于同样的理由，也就是海战不敌的理由，日本已经在 1853~1854 年签订了《日美和亲条约》，1858 年又签订了《日美修好通商条约》。1862 年久光率兵上京、逼迫幕府进行体制改革的目的，难道不是为了不再重蹈覆辙吗？

笔者曾大略地描述过从幕末至甲午中日战争间约 80 年的历史（《日本近代史》），以敌强我弱为由避免战争的事情一次也没有发生。放弃"攘夷"、选择"开国"必然有敌强我弱以外的理由。

就此时谈论的 1862 年这一特定的时间点而言，将"开国"正当化的方法之一应该是：为了让朝廷、幕府与诸藩建立举国一致体制并集中力量进行"富国强兵"，故而希望采取谨慎措施，避免突然与他国短兵相接、断然实施"攘夷"。

然而，久光拒绝让其他藩参与举国一致体制，即他认为"关东首先起用一桥、越前，展现进行大政变革的趋势，只要实现这一点，不必让诸大名上洛"（『大久保利通伝』上卷、342页）。这样一来，所谓的"公武合体"不过是朝廷、幕府与萨摩藩三者的合议制度而已。仅凭这三者的合议制度，就想让世人放弃"攘夷"，让全国的舆论统一为"开国"，等同于纸上谈兵。胜田孙弥的《西乡隆盛传》中介绍了西乡写给留守大坂的木场传内的书信，其中有以下一段：

> 即便最为通晓情理的幕役〔幕府的役人〕也拿他没办法，〔久光〕现在仍然做着有违幕府心意之事，稍有不如意便发生正面冲突，被别人看不起时，利用一藩之力一再逼迫，即便对方是已然衰弱的幕府，也太勉强了，（中略）现今双方已不再了解彼此。因被流放远海，消息断绝，唯挂念此事。
>
> （『西郷隆盛伝』第二卷、71～72頁。着重号为笔者所加）

因劝说久光重视"合纵连横"而再度被处流刑的西乡，说出"利用一藩之力一再逼迫"这样的话，实在让人感同身受。

上文既述，久光判处西乡流刑的直接原因是，西乡与尊王攘夷的浪士平野国臣会面。久光标榜着"公武合体"与"开国"、凯旋京都之际，平野获得三条实美等拥护"尊王攘夷论"的公卿的信赖，在长州藩实权者久坂玄瑞等人的支持下十分活跃。西乡曾在1858年与长州藩家老益田弹正结成盟友关系，又在1862年于大坂和平野国臣意气相投，岛津久光早已想将西乡流放远岛，这次终于一并清算。

松平庆永与胜海舟

然而，虽然久光的"开国－公武合体"路线在京都很快就失宠了，在江户却获得了更广泛的支持，因为就任政事总裁一职的松平庆永和军舰奉行级别的胜海舟等人对其抱有强烈期待。

前文为了强调幕府内开明派的地位出人意料地低，将老中、若年寄比作"职业官僚"，而将胜海舟这样的奉行级别比作"非职业官僚"，但如果更加细致地考究，这种类比并不恰当。从制度上看，直属于将军并左右幕政的老中（4~5 人）和若年寄（4~5 人）相当于现在日本政府中的大臣，其下负责实际事务的大目付、目付和奉行等相当于次官、局长、课长等"职业官僚"，这样比喻或许更为妥当。但即便如此，如果将现在的"霞关支配"和"财务省独裁"等印象投射到幕末官僚身上，就未免太过了。因为讲武所奉行大久保一翁、军舰奉行并 [①] 的胜海舟等人，根本不像现在的霞关一般掌握了实权。

对于这种幕府"职业官僚"来说，萨摩藩独自进行的幕政改革是受欢迎的。前越前藩主、开明派的松平庆永（春岳）就任政事总裁是在 1862 年旧历七月，而胜海舟受命担任军舰奉行并是在两个月后的闰八月。从制度上说位于老中和若年寄之上的政事总裁一职，由能够理解欧美知识的人来担任，这让幕府的官僚们恢复了活力。胜海舟在就任御军舰奉行并的两天后，即闰八月十九日，与政事总裁松平庆永会面，他于翌日日记中记载了当时的情况：

　　春岳公问：海军如何才能强盛？答曰：

---

①　1859 年 9 月设置，用以辅佐军舰奉行，初代任职者为木村喜毅。

当今人才缺乏，若不能在皇国之人民间不问贵贱地选拔有志者，则人才极其难得。若欲唯以幕府之士应对此事，则无论如何也不可得。除非大小侯伯〔大名〕共同尽力，否则海军无法强盛。

　　（勝部真長ほか編『勝海舟全集』第一八卷、勁草書房、4 頁）

　　这就是所谓的"起用人才"，胜海舟主张不拘于幕府内，而是将其范围扩大到日本全国各藩，由此可见胜海舟的格局之大。

　　得到幕府政事总裁（将军之下的二把手）春岳赏识的胜海舟，于翌日（1862 年旧历闰八月二十日）的幕府阁议（老中、若年、大目付、目付、三奉行出席）上，强调"起用人才"的目的在于吸收欧美的科学技术。他着重说明，即便从欧美购买几百艘军舰，如果不学习制造军舰的欧美科学技术，那么日本永远也无法追赶欧美。因幕政改革而就任军舰奉行并的胜海舟意气风发，以下引文可以很好地展现这一点。

前往江户城。（中略）召开了海军会议。会议主旨在于，问我对于讨论军制改革大纲的文件有何意见。问曰：我邦配备军舰三百数十挺（原文如此），遣幕府之士驾驶，政府维持海军大权在手，若想在东西南北海域均部署军队，今后几年可以全备？谨慎答曰：即便今后五百年，也很难说达到全备。

（同前书同卷，第 3 ～ 4 页）

仅仅是这前半部分，就包含两个重要论点。

第一，岛津久光的"公武合体"工作反而让幕府恢复了活力。这一点从幕府"改革大纲"中提到的仅"幕府之士"就足以驾驶"军舰三百数十挺"中可以窥见。

第二，受益于岛津久光的"公武合体"工作，萨摩藩多年来的盟友、前越前藩主，以及此前一直在幕府内不受重视的"职业官僚"（主要是奉行级别）开始活跃起来。1862 年，在各藩内寻求改革幕府的同志的西乡隆盛，正在冲永良部岛过着牢狱生活，而幕府内的改革派代表人物胜海舟却高兴得快要跳起来——这般讽刺的一幕即便在历史上也很少上演。

笔者十分崇拜西乡隆盛，故而对于胜海舟这样因岛津久光——流放西乡的罪魁祸首——的幕政改革而兴奋不已的人物没有好感。但是，正如第一章和第二章介绍的会泽安和佐久间象山那样，如果将胜海舟置于主张追赶欧美之人的行列中来看，笔者也不得不承认他的确是幕末史上的杰出人物。只要阅读胜海舟于1862年旧历闰八月二十日的日记后半部分，就能明白：胜海舟认识到，不仅要模仿欧美的兵器，更要吸收其背后的科学技术，他是第一章分析的佐久间象山的"西洋艺术论"的正统继承者。其日记的后半部分如下：

军舰不出数年就能购置齐备，但是操纵军舰之人又要如何习得熟练之技巧？当今英夷之盛大景象，乃历经三百年之久才得以形成。（中略）那个海国防御之策，虽可充分展现征伐英夷之气势，却是"王之不王，不为也，非不能也"。一味增加人员和船舰数量，且不说军舰数量如何，若人民之勇威不足以压制英夷，则难以建立真正之防御。今，与其议论如此之大业〔购买三百数十艘军舰〕，不如将重心放在学术之进步、人才之选拔上。

（同前书同卷，第4页）

胜海舟在此处所言之"学术"，大概与佐久间象山曾经提倡的"西洋艺术"内容相同。一言以蔽之，为了振兴科学技术而从日本全国起用人才，是在幕政改革中被任命为军舰奉行并的胜海舟的抱负。

从另一方面来看，支撑着松平春岳（政事总裁）的胜海舟等"职业官僚"，即使不是策划了1862年久光率兵东下的幕政改革，也与其关系匪浅。胜海舟自己也在其日记（1862年旧历十一月九日）中如此写道：

最近，世间杂说纷纭。或有人云，当时新政之施行者中以春岳公为最，其次为大久保越州〔一翁、忠宽〕，以及春岳公之师——肥后藩的横井小楠，再加上鄙人。或又云，新政全是不良之事。呜呼，自古忠良之言难容，被区区嫌忌□（不明）阻止、空虚愤恨而死者，历史上比比皆是。然待盖棺论定之时，天下皆知其忠良明详。

（同前书同卷，第16页）

这段文字展现了幕府政事总裁松平春岳及其顾问横井小楠、讲武所奉行大久保一翁、军舰奉行并胜海舟四者的亲密关系。然而，更具有冲击力的是，四者之一胜海舟表现出的超乎想象的绝望感。

1862年旧历十一月，正是久光以"开国"为前提的"公武合体"工作在京都遭到全面否定后不久。十月二十八日，新敕使三条实美与姊小路公知抵达江户，向幕府传达了"攘夷督责"的敕命。

但是，胜海舟的绝望并不是因为朝廷的态度从"开国"转变为"攘夷"。在这一点上，胜海舟与西乡一样是搁置论者。十一月十九日，胜海舟拜访了松平春岳的顾问横井小楠，在日记中写下了如下对话：

> 今日拜访横井小楠先生。我问，此时世间对于开琐①（原文如此）之论争皆不服气，此开琐与往年和战之论争并无区别，唯文字不同而已，又有何益处？先生曰，确实如此。当今人们暂不言此异同，是不可取之举，就如同在说攘夷乃兴国之基础一般。然世人徒以杀戮异人，使其不得居于内地为攘夷，此甚为不可。今之急务应以兴国之业为先，不应拘泥于区区开琐之文字。兴国之业，非侯伯一致、海军强大而不可成。今无一人着眼于此，真是可悲可叹。
>
> （同前书同卷，第 17 页。着重号为笔者所加）

横井此处所谓的"侯伯一致"即西乡隆盛

---

① 即"开锁"，开国与锁国之争。

提出的与各强大大名的"合纵连横"。而"海军强大"则属于胜海舟的专业方向，正如上文提及，他已经论述过，仅仅购买军舰而不吸收科学技术，是无望实现"海军强大"等目标的。

顺带指出，第一个加着重号的地方（"与往年和战之论争并无区别"）是指第一章分析的佩里来航时的情况。海防懈怠的幕府当时并无能力选择是"和"还是"战"。对海舟与小楠而言，1862 年的日本既缺乏"侯伯一致"的举国一致体制，又没有"海军强大"的成果，谈论"开国"或"攘夷"的行为本身就只是纸上谈兵而已。

从第二处加着重号的地方来看（"攘夷乃兴国之基础"），小楠的着眼点或许是日本国民的身份认同：即使"攘夷"作为目前的选项并不具有可行性，但为了让日本从此跟上欧美列强的队伍，也有必要让日本国民拥有自豪感，这才是真正的"攘夷"。

西乡路线与胜路线

西乡因阻止久光单独出兵而被处流刑；胜

海舟想利用久光的单独出兵推翻无能的老中和若年寄的支配，但他遭遇了挫折。正如上文已经指出的那样，他们二人对于各强大大名"合纵连横"（"侯伯一致"）的必要性拥有共识。

但是，在急于把这二人推举为"维新的两大英雄"之前，有必要先关注两人之间的差异。

两者最大的不同在于和"尊王攘夷派"志士的关系。如前所述，西乡不仅结交诸藩重臣，也很亲近平野国臣这样的"尊王攘夷派"浪士。这是因为西乡构想的"合纵连横"并没有仅仅停留在"侯伯一致"的层面上，而是扩大至剑指改革的有志之士的"横向联合"。笔者曾将西乡的这种构想称为"双重的合纵连横"（坂野·大野健一『明治維新　1858～1881』講談社現代新書）。

胜海舟则设想以起用全国范围的人才来突破"侯伯一致"的界限。然而，胜海舟的人才选用采取的是力排"众议"的方式，也就是"自上而下"型。他在日记里如此记述道：

呜呼！谈论区区开琐之事，乃不知天下形势之无知言论。当时已然是危急之秋。朝廷若不将异于众说的有识之士置于要处，何日方可大政一新焉。不采纳这一极其正确的道理，却空听流言、遵循众议罢黜贤才，则无法期待世论平息。

（『胜海舟全集』第十八卷、14～15页、1862年旧历11月6日の项。着重号为笔者所加）

由此可以明确地看出，对胜海舟而言，"有识"与"众说"是相对立的。确实，他所谓的"大政一新"不是依靠幕府的专制实施的，而是"有识之士"支持"朝廷"断然实施的，因此与"王政复古"并不矛盾。但这是排除"众议"实施的政策，归根结底是"自上而下"型的"大政一新"。如果使用进入明治时代后开始的自由民权运动中的用语，胜海舟的"王政复古"是通过"有司专制"实现的。虽然此前一直被老中和若年寄压制，但胜海舟毕竟担任着幕府的要职，这一构想确实符合他的身份。

胜海舟

但是，西乡与胜海舟的差异不仅仅在于
"自下而上"或"自上而下"的形式。西乡的
"合纵连横论"如果延伸出来，就具有取代幕
府、建立新型政治体制的性质；但他并没有构
想到，在这种新型政治体制的基础上，为了与
欧美列强竞争而引入并发展必需的科学技术。
一言以蔽之，西乡缺乏"产业立国"的思想。
从这一点来看，在孤岛上空白的五年对于西乡
来说是致命的。

另一方面，正如前文所述，在发展科学技
术这一点上，胜海舟已然前进了两三步。然而，

胜海舟思考的新型政治体制仅仅是在幕府内部完全更换领导阶层而已。他对于前越前藩主松平春岳抱有很大期待，但说到底也只是对作为幕府的政事总裁的春岳的期待。代表德川亲藩的春岳、担任幕府奉行职位的自己和大久保一翁等人合作，从上下两个方面同时向居于其间的守旧派老中和若年寄施压——这就是胜海舟的幕政改革构想，根本谈不上是"新型体制构想"。

除非西乡的新型体制构想与胜海舟的科技立国构想结合起来，否则明治维新就无法实现。而两人首次会面，是在西乡终于结束五年有余的流放生活、掌握萨摩藩实权的1864年（元治元年）旧历九月十一日。

2　幕府的复权与西乡的回归

久光构想遭遇挫折

1862 年旧历四月至 1863 年旧历九月，在这约一年半间，久光三度上京。前文已经对 1862 年旧历四月的率兵上京有过论述，而 1863 年旧历九月的上京，既是规模最大也是停留时间最长的一次。从 1863 年旧历九月至翌年旧历四月，包括大炮队在内的约 1700 名萨摩藩兵在京都驻屯了半年有余（『幕末政治と薩摩藩』217、268 頁）。

前揭佐佐木著作（同前书，第 229~268 页）实证性地详细分析了 1863 年年末至 1864 年旧历三月朝廷、幕府和强大大名构筑合议体制的尝试，这一体制被称为"参预会议"或"元治国是会议"。然而，对于以西乡隆盛为主人公的本书而言，重要的不是久光工作的意义，而是他遇到的挫折。西乡在 1862 年旧历四月因反对久光的单独出兵而被流放到德之岛、冲永良部岛；1864 年旧历三月的元治国是会议解散约一周前得到赦免，返回鹿儿岛。西乡在久光尝试构筑合议体制（公武合体）的工作开始时被流放，在其工作遭遇挫折时被赦免，这并不仅仅是偶然。

就笔者个人对佐佐木氏研究的理解来看，久光工作失败的最大原因在于以军事力量为背景的萨摩一藩的突出。无论是将军后见一桥庆喜，还是跟随将军家茂上洛的幕府三老中，都怀疑天皇的意向是否受到了久光的影响（同前书，第 255 页）。

另外，虽说这一体制意在让强大大名参与国政，实际出席会议的只有萨摩、越前和宇和岛（10 万石）三藩而已，被任命为参预的土佐藩山内容堂从未出席过会议（同前书，第 244 页）。这个会议仅仅是朝廷、幕府与三大名的会议而已。

这三大势力的协同会议的议题也存在问题。久光与越前的春岳一直以来都是开国派。但在该会议与武家就横滨锁港①一事进行协商之后，将军奉答书居然提出箱馆、长崎二港依照与欧美诸国签订的条约开放，但保证横滨一港不予开放（同前书，第236~258页）。

久光和春岳应该已经充分理解到，通过一系列的通商条约，与欧美诸国约定的横滨开港等事宜已然不可能取消。专程召开了朝廷、幕府和三大名的协商会议，却将这种不可能实现的对外方针作为"国是"决定下来，这就是"元治国是会议"遭遇的挫折。

这一会议的另一个缺点在于，没有将强大大名参与国政的行为制度化。对于在前一年八月十八日的政变中将长州藩和尊王攘夷派的七位公卿逐出京都的朝廷而言，多达1700名萨摩藩兵驻扎在京都和大坂或许确实让人心安。但换句话说，只要强大大名参与国政的行为没有制度化，萨摩藩就无法收兵回藩。

要维持1700多名藩兵在京坂地区驻扎半

---

① 指不对外国开放。

年以上，其费用之高昂可以想见。在1864年旧历七月，传闻久光将为征讨长州而第四次上洛时，萨摩藩大坂留守役木场传内在给鹿儿岛的大久保利通的信中写道："此番听说（将军）召集诸国大名（入洛）的传闻。若果真如此，该如何筹措资金，我从现在起就十分担心（中略）这恐非我国力所能及之事，还望再深思熟虑。"（『大久保利通関係文書』第三卷、105页）这暗示了此前三度出兵并停留在京都的费用之高。久光为了上洛耗费了如此巨额的资金，却没有使参预会议长期固定下来，非但没有将"开国论"定为"国是"，反而将不现实的"横滨锁港"定为国家的大政方针，就凭这一点，久光就该在1864年旧历四月离开京都、返回鹿儿岛。这也是为什么萨摩藩的舆论倾向于赦免西乡隆盛并让其重新掌握权力。

"维新之大业确实基于此举"

对于西乡回归鹿儿岛，《西乡隆盛传》的作者写道，"维新之大业确实基于此举"（第二卷，第94页）。

重新掌权的西乡意图实现的目标与久光排除西乡后两年多来推进的路线之间大有不同，胜田以较为委婉的方式指出了这一点：

至四月二十日，朝廷将所有政务委予幕府，政令归一，又命封锁横滨，严加守备，处分长藩，以尽征夷之职分，但此等实乃采纳公武党即庆喜等人意见之结果。然而隆盛已然觉悟不能寄望于幕府改革，而以诸藩合力辅佐朝廷，将德川氏置于朝命之下，以此维持国家存续、决定对外政策。故隆盛之意与庆喜等人所论大相径庭，他决定此后控制藩论，专奉朝命，实施进退。

（同前书同卷，同页。着重号为笔者所加）

原萨摩藩士胜田避免直接批判久光，但此处批判的"庆喜等人意见"与前述以久光为中心运作的"元治国是会议"的内容相同。与此相对，他介绍的"隆盛之意"是放弃"幕政改革"、召开诸侯会议的构想。这个构想提出以

"诸藩合力"支持朝廷，将德川氏也置于同等地位，因此与三年后的"大政奉还"（1867年旧历十月）旨趣一致。

1864年年初的"元治国是会议"具有代表性地展现出，"公武合体"下的四大藩（萨摩、越前、宇和岛、土佐）在参与国政时不过是辅助性的，实际上是朝廷再一次将国政委托给幕府打理。"公"即朝廷，"武"即幕府，"公武合体"其实早已失去其作为体制改革的口号的有效性了。

与此相对，在"大政奉还"的情况下，德川家将失去将军职位，即便其规模超群，参与国政时也只是作为一个德川藩，与其他大藩地位相同。

从现实情况来看，德川家拥有400万石的直辖地，与此相对，萨摩77万石，越前32万石，土佐24万石，宇和岛10万石，四藩合计也仅有143万石，德川家的压倒性优势并不会有所变化。然而，如果德川藩以下诸藩在政治上平等参与国政的行为制度化，那么确实可以说是幕藩体制的一大变革。

正如本书从开头到上一章为止明确展现的那样，西乡隆盛的"合纵连横论"贯穿其流放前后的五年间，直接与大名会议的构想联结起来，但又不仅限于大名会议，而是包括与各藩重臣之间的横向联合。

1864 年旧历二月结束流放生活、作为萨摩藩的军事指挥者重返舞台的西乡，在约半年后与胜海舟的会谈中找到了将与各藩志士的合作制度化的途径。那是当年旧历九月十一日的事情。

最早指出这次会谈重要性的是 1894 年（明治二十七年）刊行的胜田所著《西乡隆盛传》。现在《大久保利通相关文书》第三卷里收录了西乡写给大久保的书信，第五卷里收录了与西乡同行的吉井友实写给大久保的书信，直到最近两者间的关系才明了起来。然而，胜田的《西乡隆盛传》仅用六页的篇幅，不仅介绍了西乡与吉井分别寄给大久保的信件，而且指出了胜海舟的议会论与西乡的"合纵连横论"之间的相似性。如果对比阅读明治、大正和昭和战前刊行的多种伟人传记，可以发现战后的幕末维新史研究或许早已达到了近年佐佐木克《幕末政治与萨摩藩》等书的水准。

下面首先来看与西乡同行的吉井友实（萨摩藩小纳户头取①）向大久保利通汇报这次会谈的书信。他写道：

> 据说大久保越州〔一翁〕、横井〔小楠〕、胜〔海舟〕等人的议论旨在征伐长州，揭露幕吏之罪，举天下人才设立公议会，不限于诸生，应尽快选出该提交参会申请之人，以公论定国是，眼下除此之外再无其他挽回之道。（右大嶋兄或许已告知原委细节，但此处仍粗略汇报我的所见所闻。）
>
> （『西郷隆盛伝』第二卷、136 頁。最后一句补充自『大久保利通関係文書』第五卷、342 頁）

---

① 江户时代的职务名称，负责直接管理和监督小纳户。小纳户指在将军或大名身边，负责理发、准备膳食、管理庭院、看护马匹等杂务的近侍。

虽然不知文中所谓"诸生"是何,但这句话可以理解为不拘身份地将"人才"集中到"公议会"中来。另外,身为幕府讲武所奉行的大久保一翁(忠宽)在前一年(1863)写给松平春岳的书信中,以"公议所"代"公议会",指公卿、大名与"四民"的集会所(『日本近代思想大系』第九卷、26 頁頭注。岩波書店)。这可以看作在"王政复古"的半年前(1867 年旧历六月)的《萨土盟约》上宣扬的二院制(上院与下院)的原型。

西乡的议会论及其对胜海舟的钦慕

如果单单阅读西乡隆盛与吉井在同一天(九月十六日)寄给大久保利通的书信,我们是无法知道,胜海舟与西乡不仅关于公卿与大名的上院,而且就设立各藩重臣集中的下院也达成了共识。这是因为西乡在给大久保的书信中并没有提到这些内容。后文还将不厌其烦地引用西乡写给大久保的这封有关议会制的信件内容。

此时西乡关注的第一点是,如何应对欧美列强为了抗议横滨锁港方针而率领联合舰队开向大坂湾的事态。根据西乡的说法，胜海舟回答如下：

> 虽然现今发生了有关异人的事态，但鄙人轻侮幕吏，因此难以接受幕吏谈判的工作。此时无论如何定有四五位贤明诸侯结成会盟，聚集足以打败异舰的兵力，以此开横滨、长崎两港，在摄海〔大坂湾〕处从长计议、开启谈判，如果能够缔结条约，一定可以保全皇国之颜面，让异人服理，最终天下之大政得立，国是之决定可期。鄙人对于这种观点十分信服。
>
> （『大久保利通関係文書』第三卷、312頁。着重号为笔者所加）

这段话中值得注意的地方有：第一，胜海舟与西乡轻易便舍弃了"元治国是会议"决定的"横滨锁港"一事；第二，一边抵御联合舰队对大坂湾的进攻一边与其交涉的主体，不是"幕吏"，而是结成"会盟"的"四五位贤明诸侯"。这说明两人的观点与"元治国是会议"不同，此时将"诸侯会议"定位为与欧美进行交涉的主体。

如果将西乡的这封信件与上文引用的吉井友实的信件合起来看的话，可以发现"四五位贤明诸侯"的"会盟"与"举天下人才设立公议会"的构想一致。如果因为西乡书信中没有写明这一点，就认为他的想法仅限于"四五位贤明诸侯"的"会盟"，恐怕有点过于实证主义了。既然西乡与吉井两人一同听到了胜海舟说的话，那么自然就应当将两封信件理解为互补的。如果认为只有吉井理解了设置"公议会"的构想，而西乡却仅仅理解到"诸侯会议"的程度，就是过度拘泥于史料的"表面解释"了。正如此前的记述中已经明确展现的那样，西乡从 1858 年幕政改革运动时开始，就一直坚持强大大名及其重臣的"双重的合纵连横"；进而在 1867 年，向英国外交官萨道义热心地谈论"国民议会"的必要性。如果将 1864 年胜海舟、西乡隆盛和吉井友实三人的会谈置于 1858 年的"双重的合纵连横"至 1867 年的"国民议会"之间的过程中来看，就自然会认为在这一时间

幕府的复权与西乡的回归

点上，西乡的观点已经从一直以来的"双重的合纵连横"发展为设立"公议会"了。

这次会谈还有另外一个非常重要的点，那就是西乡对胜海舟的钦慕。这一点不仅有助于理解四年后两人关于江户无血开城而进行的直接谈判，而且可以成为剖析西乡隆盛这个人物的线索。至今各种研究中常常会提及一段话，而这段话最初被引用恐怕是在前面提到的1894年（明治二十七年）刊行的胜田孙弥的《西乡隆盛传》中。西乡告诉大久保利通自己对于胜海舟的印象如下（九月十六日书信）：

> 初次与胜氏会面，他实乃令人惊讶之人物。我最初抱着敲打他的意图而来，却顿时为他折服。我看他一副不知究竟有多少雄才伟略的样子，首先，他是一个有英雄气质的人，比佐久间〔象山〕更能成事。虽然从学问和见识来看，佐久间已经超乎常人，但就眼下来看，我极其钦慕胜先生。
>
> （『西郷隆盛伝』第二卷、132 頁。着重号为笔者所加）

西乡在五年前被流放时，胜海舟还仅仅是幕府内开明派中的无名之辈，因此两人在1864年才第一次有机会见面。

从引文中加着重号的地方可以看出，西乡是一位重视实践的政治家。能否"成事"，"眼下看来"是否能干，是西乡评价他人的第一标准。除此之外，虽然没有加上着重号，但是"顿时为他折服""极其钦慕"等表达，并非这一时代的志士书信中经常出现的语句。在没有时间慢慢积累对他人的评价的革命时期，像西乡这种在初次见面时就能完全信任胜海舟的直觉型人物，肯定是非常宝贵的人才。无需赘言，西乡本人也是"有英雄气质的人"。

西乡与大久保

在西乡流放冲永良部岛上的两年间，岛津久光实施的"公武合体"路线仅仅是促成了幕府权力的恢复和"横滨锁港"这一攘夷政策的复活。而这一路线的失败与大久保利通有很深的关联，虽然大久保在此前和此后都一直是西乡隆盛的盟友，但唯独在这两年间，他舍弃了西乡，作为久光的侧近进行活动。

本书时而引用的《西乡隆盛传》（1894年刊）的作者胜田孙弥，在16年后的1910年（明治四十三年）又完成了巨作《大久保利通传》，该书共有三卷，总页数多达2394页。

在这部宏大著作中，胜田首先描写了久光－大久保阵线的"公武合体"路线失败后的政治状况：

> 文久二年〔1862〕，西乡隆盛触怒久光，居南洋孤岛，咏铁窗之月，寄情于诗歌，以解郁勃之气。然得久光宠遇，曾经权势熏天、盛极一时的中山忠左卫门自萨英战争以来势力一落千丈，转居闲职，萨藩权势尽归利通及小松〔带刀〕。适逢幕府一心努力恢复权势威望，诸藩佐幕党勃发兴盛。又有长〔州〕藩尊奉三条〔实美〕以下京绅，退守其藩地，与诸藩勤王党互通声气，天下动则便将陷入骚乱。此乃当时之形势也。
>
> （『大久保利通伝』上卷、548頁）

在幕府和长州藩这两大势力都在谋求恢复势力的过程中，新近掌握"萨藩权势"的大久保与小松可以说肩负着挽回本藩劣势的责任。唯一可以挽回劣势的策略是，从冲永良部岛召回西乡。

然而，两年来一直支持久光的大久保，找不到合适的契机向久光提出召回后者无比憎恨的西乡。1910 年（明治四十三年），胜田孙弥也充分觉察到了这种微妙的关系，他写道：

> 利通于文久二年春请求久光召回西乡，并试图说服他派遣〔西乡〕前往九州诸藩执行公务，不料反而让久光大发雷霆，再度将西乡流放远岛，利通也一时退守求稳、暂避锋芒。如此一来，利通再也没找到能够向久光提出召回西乡的建议的时机。
>
> （同前书同卷，第 549 页）

这是因为一直以来支持久光路线的大久保利通还没有就是否召回西乡一事做出决断。

在久光－大久保体制下，萨摩藩的西乡派

集团得以存续，他们决意向久光施加压力，逼迫他召回西乡（同上）。但是，更为重要的是，大久保必须下定决心与久光路线诀别。胜田孙弥在《西乡隆盛传》中解释了西乡的回归与大久保的转变所具有的意义：

〔久光〕迫于勤王党的激昂士气而召回隆盛，此后将国事完全交付隆盛，让他应付当时的政局。久光归国〔藩〕后，奉命滞留京都的有公子〔久光的亲儿子〕岛津图书、家老小松带刀、军赋役隆盛、军役奉行伊地知正治、御小纳户头取吉井友实，以及其他有志之士和军队将士，他们将负责禁阙〔天皇御所〕的警卫工作。实际负责统领指挥这群人的是隆盛。大久保跟随久光返回鹿儿岛，尽力在藩地辟除俗论。内外呼应，终于形成藩内统一团结的运动。萨藩国论此时终于首次转变，可以说维新之大业确实基于此举。

（『西郷隆盛伝』第二卷、93～94頁。着重号为笔者所加）

胜田孙弥指出，正是西乡的回归与大久保的转变促使"维新之大业"真正开始启动。笔者认为这一结论抓住了问题的关键。

3　是"公议舆论"还是"武力倒幕"？

"富藩强兵"

前面已经说过，西乡与吉井都在 1864 年旧历九月十六日给大久保寄信，肯定了胜海舟等人提出的"公议会"的观点。可以推测大久保也同意这一观点。但是，利用久光等人的"公武合体论"恢复权力和威望的幕府，不可能轻易听从胜海舟和西乡隆盛等人所说的"公议会论"。要让幕府接受这一观点，就有必要让强大诸藩积蓄力量。各藩"割据"，"富藩强兵"，是与"公议会论"互为表里的关系。西乡与胜海舟会面后，在给大久保寄去的书信中写道，如果幕府不响应设置"公议会"的号召，就"不得不提出富国之策，断然展现割据之意"（同前书同卷，第133页，着重号为笔者所加）。

大久保利通也同样赞成"割据"与"富国〔藩〕"的基本方针。他在约一年以后（1865年旧历八月）写给留学英国的本藩藩士的书信中论述道：

> 长州战争① 以后，所谓暴论过激之徒，大抵眼界豁然开朗，认识到攘夷难成，提倡大开国门，人心逐渐统一。而且听闻极具慧眼的诸藩（佐贺、越前、土佐、宇和岛等）已倾向于断然实施商法等。若大树〔将军家茂〕家龙头蛇尾，退缩东下〔江户〕，则命令日益不行，无疑将形成各国割据之势。由此可见，拼尽全力实施富国强兵之术，充实国力，即便仅一藩如此，也可护卫天朝，光耀皇威于海外。除此一策

---

① 指第一次长州征伐，即1864年（元治元年）幕府为惩罚在禁门之变中成为"朝敌"的长州藩而发动的战争，因面临外国的联合舰队袭击下关的危险，以及长州藩表示恭顺，没有战斗便撤兵了。1866年（庆应二年）幕府再次征讨长州藩，即第二次长州征伐，幕府最终战败。

之外，别无他法。

（『大久保利通伝』上卷、648 頁。着重号为笔者所加）

笔者在上文中"实施商法等"处的"商法"上加了着重号，因为它并非现在所说的商法，而是指对外贸易。当时，以萨摩藩为首，上文中提到的肥前①、越前、土佐、宇和岛等诸藩均各自增加本藩特产的产量，将其出口欧美诸国，并购买军舰、大炮、步枪。由藩主导的特产生产活动乍一看像是"富国之策"，但其收入全部用于购买兵器，因此比起"富国"，更意在"强兵"。从这个意义上来看，比起西乡所说的"富国"，大久保使用的"富国强兵之术"更贴近现实情况，或许更准确的说法是，将"富国"也去掉，只保留"强兵之术"。因为即便各藩实施专卖制，以此奖励特色产品的生产，但由于所有收益均用于购买军舰、大炮、步枪，无论是"国"还是"藩"都不可能"富"起来。

①　即上文的佐贺。

萨长的接近

但是，从"割据""强兵"的方面来看，长州藩是萨摩藩的前辈。

长州藩的"割据"政策已经超越武士的框架，基于举藩一致的体制而实施。根据萨摩藩方面获得的情报，这种举藩体制得到了"町人百姓的助力"，在海岸附近山上监视敌舰的任务由被赦免的罪人承担（1864年旧历二月至三月木场传内写给大久保利通的书信，『大久保利通関係文書』第三卷、98頁、100頁）。

既然萨摩藩已从此前的"公武合体"路线转向"公议会"和"富藩强兵"的路线，而且以长州藩在1864年旧历八月与欧美联合舰队交战为契机，让人们"认识到攘夷难成"，那么萨摩藩现在就没有理由将长州藩排除在"公议会"构想之外了。更遑论现在掌握萨摩实权的西乡隆盛，在两次流放之前都与"尊王攘夷派"的志士们有紧密的联系，而且如上文既述，这本来就是西乡第二次被流放到冲永良部岛的直接原因。

是"公议舆论"还是"武力倒幕"？ / 101

长州洗刷污名

经过实证研究，我们无法否认萨摩藩家老小松带刀直到最后都还执着于包括德川家在内的"公议会"构想（参照高村直助『小松带刀』吉川弘文馆）。笔者自己也介绍过可以说是西乡左膀右臂之一的伊地知正治批判在将军庆喜的"大政奉还"（1867年旧历十月）后还不满足的西乡和大久保的史料（坂野·大野『明治維新1858－1881』144～146頁）。

然而，让长州藩也加入以德川家为首的大名会议，构建名副其实的举国体制，实际上只是纸上谈兵的构想。因为幕府曾经两度派兵征讨在1864年禁门之变中成为"朝敌"的长州藩。

要想让长州藩加入大名会议，最重要的是让该藩从"朝敌"的污名中解放出来。然而，如果这样做，三年多来一直将长州藩作为"朝敌"攻击的幕府，就不得不向长州藩和朝廷正式谢罪。虽然幕府和长州藩都有过错，但它们不可能就此不计前嫌，共同支持新政府。

对于长州藩而言，洗刷"朝敌"的污名究竟有多么重要，可以从木户孝允在1866年旧历

木户孝允

一月写的有关《萨长盟约（同盟）》的备忘录里看出。

这份备忘录是会谈后由木户记载、坂本龙马背书的，坂本龙马是土佐藩浪人，也是此次会谈的中间人，他在这份备忘录中声明萨长两藩之间达成合意的确实是这六条无疑。

这份备忘录十分有名，只要是对幕末维新史感兴趣的人都知道。

但是，如果认为幕府与长州藩和解的关键在于"朝敌"问题的解决，从这一观点来看木户孝允备忘录的六条内容，则可以发现新的价值。

第一条由于直接关系到"王政复古"的军事政变而闻名于世。其内容为"〔与幕府〕开战之时,〔萨摩藩〕速遣兵两千余上京,与驻京之兵合流,且置兵一千于浪华^①,稳住京坂两处"。

然而,从洗刷长州藩作为"朝敌"之污名的观点来看,第二条及其后的四条变得更加重要。

第二条内容如下:

> 如果我方取得战争胜利,气势正盛之时,〔萨摩藩〕应向朝廷进言,必须尽力为之。

当长州藩在与幕府对战的过程中占据了有利形势时,萨摩藩要怎样"尽力"对"朝廷"做工作呢?

第三条里也同样使用了"尽力"这个词:

> 即使万一战事呈现败象,〔长州藩〕一年半载之内也不至于溃灭,其间〔萨摩藩〕必须尽力为之。

在幕长战争中，无论是战事向长州藩有利的方向发展（第二条），还是长州藩陷于劣势（第三条），萨摩藩都要帮助长州藩、"尽力"与朝廷斡旋。那么，这两条中提到的"尽力"究竟是指什么事情？

如果我们读了第四条就会恍然大悟。

> 至幕府之兵东归〔江户〕时，必须立即上奏朝廷，尽力让朝廷赦免〔长州藩的〕冤罪。

与第二、三条一样，第四条里也使用了"尽力"一词，不过这里明确指出了"尽力"的内容，即萨摩藩"尽力"让朝廷"赦免"长州藩的罪名、洗雪冤情。《萨长盟约》的第二、三、四条的内容都是围绕这一点，也就是说，无论长州藩在幕长战争中是处于优势还是劣势，甚至就算将军放弃讨伐长州、兵归江户，萨摩藩都要"尽力"为长州藩洗雪冤情。

史料实在是有趣的东西，一旦了解了前面

的内容，从第五条和第六条中也能看出同样的宗旨。第五条的内容如下：

> 在兵士上国〔上京〕的情况下，若桥、会、桑〔一桥、会津、桑名〕等藩仍然如现在一般拥奉朝廷，对抗正义，阻碍我方周旋尽力之道，则终致决战，别无他法。

结合第一条所说的萨摩派遣三千藩兵前往京坂两地的内容，就可以明确知道这里的"兵士上国"是指萨摩藩兵上京。换言之，如果就算萨摩藩已经陈兵京坂两地、与幕府兵对峙，幕府仍然要阻碍萨摩藩"周旋尽力"，那么萨摩藩就要与幕府"决战"。显然，这里提到的"周旋尽力"与第二至四条里的意思相同。

第六条明显是讴歌萨长同盟的内容，但仍然以洗雪"冤情"为大前提。

> 冤情昭雪之后，则双方诚心相对，自不必说当为皇国粉身碎骨、死而后已。无论选择何种途径，自今日起，双方定当为

皇国效力，以恢复浩荡皇恩为目标，极尽忠诚、尽我所能。

（以上引用的木户孝允有关萨长同盟的六条备忘录均引自木户公伝記編纂所『松菊木戸公伝』上卷、明治書院、598～599頁。着重号为笔者所加）

选择德川藩还是长州藩？

1866 年年初缔结的著名的《萨长盟约》的六条中有五条都要求萨摩藩为长州藩洗刷"污名"而"尽力"，这究竟意味着什么？或许有人会认为著名的《萨长盟约》不外乎就是这种程度的东西，但笔者对此的印象正好相反。笔者感觉，正是因为有了《萨长盟约》，不管是西乡的"合纵连横论"还是胜海舟等人的"公议会论"都成为一纸空谈。包括德川藩和长州藩双方在内的大名会议和家臣会议是不可能实现的构想。

这是因为盟约规定，日本最大的藩——德川藩以征夷大将军的名义征讨"朝敌"长州藩之时，外样藩中实力最强的萨摩藩必须为长州藩洗刷污名。幕府与萨长两藩的对立关系十分鲜明。将此再次与前述胜海舟的"公议会论"对比，就可以明显看出《萨长盟约》的局限所在。在萨长结盟前的 1865 年（庆应元年）旧历十一月，横井小楠在写给胜海舟的书信里论道：

> 今日皇国处于治乱分界之时，有志诸国竭尽全力，若无法破此门关则大志难以实现。待征长一事尘埃落定，诸藩有志之士立即上洛，尽心尽力。我虽力有不逮，但一定专心料理内务。萨、肥〔原文如此〕、越三藩若能齐心协力，则其余诸藩定会响应。我认为，无论如何，只要此三藩一致，则天下公共之国是可定。
>
> （『西郷隆盛伝』第三卷、47 頁）

既然他说"待征长一事尘埃落定"，当然意味着幕府掌握了权力的中枢。然后，萨摩、肥后（或许是土佐的笔误）、越前三藩协力支持幕府，四者一起呼吁全国诸藩集会，以决定"天下公共之国是"。正如前文所述，横井与胜海舟虽对"开锁"问题不置可否，但实际上支持

"开国"。在讨伐鼓吹"攘夷论"的长州藩的基础上成立的、以幕府和三藩为中心的大名会议上，决定的"天下公共之国是"显然就是"开国"。幕府与三藩同心协力将"开国"定为"国是"，这无非只是西乡重新掌权以前岛津久光路线的复活。这与前面谈及的《萨长盟约》完全是正面冲突的。

如此梳理下来可以清楚地看出，幕府派、中间派和倒幕派的三足鼎立是"大政奉还""王政复古"，乃至后来幕府与萨长的武力冲突发生的原因，而这种对立在《萨长盟约》缔结前后就已经形成了。

如果把幕府派、中间派和倒幕派的三足鼎立从幕末政局这个具体环境中抽离出来，则体现为保守派、中间派和革新派的三足鼎立。这种三足鼎立的局势在现实政治中通常演变为三种模式：保守派与革新派发生正面冲突；中间派与革新派联合；保守派与中间派联合。如果再说得明白一点，1867年旧历六月的萨土结盟属于中间派与革新派的联合，其后（旧历十月）的"大政奉还"是保守派与中间派的联合，

1868 年的戊辰战争是保守派与革新派的正面冲突。

对于历史学家和历史爱好者来说，最为关心的不外乎这三种选择中究竟哪种是正确的。然而当事人并不知道正确答案，只是往左、往右地探索着。本书的主人公西乡隆盛虽然不可能选择保守派的路线，但我认为他一直在中间派和革新派之间徘徊不定。他接受了讴歌上下二院制的《萨土盟约》，但是对横刀斩断这一构想的"大政奉还"也不反对。他能够成为戊辰战争的英雄，无非只是试错的结果。

第四章　从大名的"合纵连横"到藩兵的
"合纵连横"

1 《萨土盟约》与"大政奉还"

《萨土盟约》的终点与弱点

如前所述，中间派意图实现的"公议会"构想处于西乡的"合纵连横论"的延长线上，后者是西乡自流放奄美大岛时起就一直提倡的观点。本书前言也曾介绍，在 1867 年旧历七月底，西乡热情高涨地向英国外交官萨道义讲述设立"国民议会"的必要性。

这件事发生在《萨土盟约》缔结仅一个月后。也就是说，此时萨摩藩与土佐藩已经就废止将军一职和建立上下二院制（仅限于武士阶级）达成一致。无论是《萨长盟约》还是《萨土盟约》，西乡都是认真对待的。

在《萨土盟约》的会谈中，土佐藩一方有后藤象二郎、福冈孝弟等重臣四人出席，萨摩藩一方有家老小松带刀、西乡隆盛和大久保利通三人出席。双方达成一致的文书如下：

一、天下大政全权由朝廷议定，我皇国之制度法则等一切事务由京师〔都〕议事堂决定。

二、诸藩应分担建立议事院的费用。

三、议事院分为上下两院，从公卿至陪臣庶民的各个阶层中选举刚正不阿之人为议事官，且因诸侯各掌其职，充任上院议事官。

四、将军执掌天下万机不合常理，自今起让其辞去将军一职、回归诸侯之列，无论如何应将政权归还朝廷。（下略）

（『幕末政治と薩摩藩』370 頁。着重号为笔者所加）

从第一条加着重号的地方可以看出，"京师议事堂"决定的不再是此前内容不明的"国是"，而是"制度法则等一切事务"。从第三条加着重号处可以看出，"公卿"与"诸侯"成为上院议员，"陪臣庶民"成为下院议员。但由于"公卿"和"诸侯"没法"选举"，顶多也就是"互选"而已，下院议员是由选举产生。原本这里的"陪臣庶民"中的"庶民"说到底也只是一种措辞罢了，真正的构想应该是从各藩的武士中选举下院议员吧。从公卿、大名及其家臣中选出议员组成的上、下两院，绝对是一种"封建议会"。

但是，在23年以后的1890年成立的大日本帝国议会，其贵族院也主要由旧公卿和旧大名组成。众议院倒是与"陪臣庶民"的顺序相反，以农村地主为主、旧武士阶层为辅，但即便如此，拥有议员选举权的还不到50万人。不过，比起《萨土盟约》中让不交税的武士独占下院的规定，帝国议会的众议院议员是当时日本国内唯一缴纳直接国税的人。从监督政府使用税款方面来看，帝国议会更加接近典型的议会制，这是不可否认的事实。

然而，《萨土盟约》的弱点并不在于其作为议会制的不完善性。作为明治维新以前的议会制构想，可以说它已经达到了相当高的水平。它建基于1859年以来西乡提出的"合纵连横论"和1863~1864年幕府开明官僚提出的公议会构想，经由中间人坂本龙马，以及萨摩藩与土佐藩的代表之手完成。

不过，即便第十五代将军德川庆喜接受《萨土盟约》的内容，以德川藩的藩主身份就任上院议员，但萨摩藩在之前的《萨长盟约》中许下的为长州藩洗雪"冤情"的承诺又该怎么办呢？《萨土盟约》中根本就没有提及这一点。

《萨长盟约》与《萨土盟约》的对立

西乡隆盛这个人物，并不属于喜欢"动乱"的类型。1859年年初流放奄美大岛之际，他认为大久保利通提出的"突出"计划有勇无谋，力谏后者放弃；1862年岛津久光单独出兵之际，他也认为"合纵连横"才是上策，反对出兵（参见第一、二章）。

但西乡也是一位最重视"义"的政治家。这一点从他冒着再度被流放的危险，断然与曾经的盟友、"尊王攘夷派"的平野国臣会面这件事便可见一斑。

具有这种性格的西乡，即便签署了逼迫将军"大政奉还"的《萨土盟约》，也完全没有想要违背《萨长盟约》的想法，而后者的主旨在于，哪怕不惜行使武力，也要帮助长州洗雪"冤情"。因为就在缔结《萨土盟约》之后，曾出席《萨长盟约》缔结会议的小松带刀、西乡隆盛和大久保利通三人立即向长州藩的使者传达了己方意志未变的讯息（前揭佐佐木著作，第373~374页）。

然而，《萨土盟约》中设想的，萨摩、长州、土佐、安艺（广岛）四藩出兵京都和大坂、逼迫将军辞职，并在之后设立上、下两院的行动方案，其实并没有获得土佐藩事实上的藩主山内容堂的同意，而是土佐藩代表们的自作主张。实际上，此时土佐藩已经转而期待德川庆喜自发地交出将军一职了（同前书，第384页）。

　　土佐藩的最终决定权仍然握在山内容堂的手中，与此不同，萨摩藩的家老小松带刀与西乡隆盛和大久保利通等下级武士已然开始拥有匹敌"国父"岛津久光和上级武士的力量。其中，西乡隆盛对于萨摩藩兵的影响力日益增强。但如前文既述，岛津久光一直与西乡不和，以致萨摩藩内反对西乡武力倒幕的声音也越发高涨。具有代表性的事例便是，自缔结《萨长盟约》以来一直支持着西乡与大久保的家老小松带刀的叛变（高村直助『小松带刀』186～200頁）。

小松带刀

政府如何组建？议会的实权是什么？

即使德川庆喜接受了《萨土盟约》的要求，也仅仅意味着二元制"议会"的开端，那么议会监督的对象——"政府"又要如何组建呢？像今天这样，首相由下院选出并挑选阁僚的体制，在一个世纪以前的封建制度下是无法实现的。

问题不止这一点，由公卿和事实上的藩主组成的上院与从其家臣团中选拔出来的人组成的下院是否真的拥有同等的发言权？虽然萨摩藩和长州藩的家臣团的力量相对而言不断增强，但在土佐藩和越前藩，家臣团仍然臣服于事实上的藩主山内容堂和松平春岳。这样一来，上院强于下院的状况仍然存在。

如果代表日本最大藩——"德川藩"的庆喜就任上院议长，那么二院制下的旧将军和藩主的势力与以前相比几乎没有任何变化。

这样的上院又能否同时成为政府呢？将军以下有老中、若年寄、大目付、目付和奉行等，同样，大藩也各自有自己的官僚组织。虽然其组织结构与幕府相同，就像上述五种职位根据俸禄高低来规定的一样，但从西乡复权后的萨摩藩来看，其家族的地位与在藩内的任职并非完全匹配。如果没有这些人的辅佐，岛津久光、松平春岳、山内容堂和伊达宗城等人根本无法实施国政。这样一来，也许上院就会成为内阁，而下院则成为官僚组织。然而，即使是萨摩藩，也只有管理 77 万石领地的经验而已，一旦下院成为管理全国的官僚组织，除了以旧幕府的官僚组织为中心进行重组外，别无他法。

藩兵间的"横向联合"

正如上文反复论述的那样，1858 年的"安政大狱"以来，西乡贯彻的原则是各藩有志者的"横向联合"。然而，在以德川家为议长的上下二院制下，这种"横向联合"不仅无法发挥作用，而且不可能直接转化为统治全国的官僚组织。

这种下院的"横向联合"是否有效尚且存疑，取而代之的是，各藩军队的"横向联合"开始逐渐发挥作用。而且自 1864 年复权以来，西乡已然成为萨摩藩兵的中心人物（参见第三章）。在《萨土盟约》缔结之后，长州藩的使者提出了强化《萨长盟约》、不排除武力倒幕可能性的要求，对此，西乡作为萨摩藩兵的统帅，提出了具体的出兵计划。这则史料对于笔者而言十分重要，因为由此可以看出西乡的方针开始从家臣间的"横向联合"向藩兵间的"横向联合"转变。以下，再次转引佐佐木克《幕末政治与萨摩藩》中的史料。

藩邸驻扎的兵员有千人之众，定下发兵日期后，以其三分之一，次第进入御所执行守卫，在此时让所有正义之堂上〔公卿〕一同觐见施压。现在，另遣三分之一急袭会津藩邸，剩余三分之一前去烧毁堀川附近的幕兵屯所。另一方面，再从国内①调遣三千兵员上京，穿过浪花城〔大坂城〕去破坏军舰。另外，在江户定府②外调集千

---

① 指萨摩藩。
② 一般指江户时代，在幕府中任职的大名及其家臣不进行参勤交代，而长期住在江户；也指诸大名的藩士常住在江户藩邸。此处取后一种意思，指常住在江户的藩士。

人左右，外加水〔户〕藩浪士等同志，四处潜藏，以便占据甲府城，支援旗下军队进入京师的行动，（中略）弊国〔藩〕败北之时，应有他藩继承遗志，我的计划便着眼于此，意在一举成功。

（前揭佐佐木著作，转引自第 274 页，着重号为笔者所加）

这则史料鲜明地描绘了西乡隆盛可以自由动用萨摩藩兵约 5000 人的军人姿态。西乡手里的兵力，加上基于《萨长盟约》合作的长州藩兵，以及根据《萨土盟约》的规定，后藤象二郎应该率领上京的土佐藩兵，再加上曾经承诺协助萨长的安艺（广岛）藩——萨、长、土、艺四藩的藩兵足以与前述德川庆喜、松平春岳、山内容堂和岛津久光等人构成的上院对抗。也就是说，能够与上院对抗的并非强大的家臣组成的下院，而是萨、长、土、艺四藩的藩兵联盟。

正如前文所述，由于山内容堂的反对，后藤象二郎没能兑现出兵的承诺。取而代之的是，土佐藩说服了德川庆喜，让他主动辞去将军一职（即"大政奉还"）。那是 1867 年旧历十月的事情，也就是"王政复古"的政变发生约两个月前。

2 官军的形成与二院制

"大政奉还"与三藩出兵

《萨土盟约》原本设想的四藩出兵，由于土佐藩的变卦而无法实现。那时，西乡似乎就已经看到了上下二院制的局限，于是与大久保利通一起，同长州藩交换了两藩出兵的确认文书，又在九月让安艺藩也加入协约。进入十月，土佐藩与萨、长、艺三藩在"和平革命"还是"武力革命"的问题上分道扬镳。如果根据前述的模式来看，由于中间派土佐藩选择与保守派幕府联合，革新派的西乡等人便最终选择了与长州藩组成革新派联盟。

从 1867 年旧历十月十四日的德川庆喜"大

政奉还"到旧历十二月九日（即 1868 年 1 月 3 日）的"王政复古"，再到 1868 年旧历一月三日的鸟羽伏见之战，这大约两个半月间的政局极其复杂，此前的研究已经充分显示了这一点。例如，西乡的盟友、萨摩藩家老小松带刀，以及在《萨长盟约》和《萨土盟约》两次会议中均有出席的坂本龙马，都已满足于德川庆喜自发的"大政奉还"和二院制。① 不仅如此，就连萨摩藩的第一军事指挥者、一直支持西乡的伊地知正治，也主张让返还将军职位后的德川庆喜保留"八百万石"和"内大臣"的地位，并且恭迎他成为上院议长（前揭高村著作，第 213 页。另可参见宫内厅编『明治天皇紀』第一卷、吉川弘文館、519 頁；『大久保利通関係文書』第一卷、61 頁）。

但是，就在七月还热情洋溢地与英国外交官谈论"国民议会"之必要性的西乡，在三个

---

① 关于坂本龙马是否满足于"和平倒幕"这一点，日本史学者矶田道史有不同的看法，他认为龙马自始至终都没有排除过"武力倒幕"的可能性，详细论述请参见〔日〕矶田道史《龙马史》，沈艺译，社会科学文献出版社，2019。

月后的"大政奉还"之际，已然完全放弃了以德川庆喜为上院议长的二院制，转而支持手握各藩军事力量的有志者的"横向联合"。西乡与大久保二人，不仅与长州藩和安艺藩达成了出兵协议，而且与土佐藩的少数派板垣退助和谷干城等人也缔结了出兵的密约。这一密约在之后的戊辰战争期间为土佐藩发挥了作用。

议会的形式化与官军的实体化

从 1867 年旧历十二月九日的"王政复古"到 1868 年旧历一月三日的鸟羽伏见之战，在这约三周的时间里，上下二院制的实际情况和四藩藩兵的官军化都逐步明确。

二院制由议定（上院）和参与（下院）构成：议定的成员为亲王和上层公卿共五名，以及尾张、越前、安艺、土佐和萨摩五藩（后加上长州，为六藩）的藩主或事实上的藩主；而被任命为参与的是岩仓具视等中下层公卿，以及前述五藩的家臣各三人。值得注意的是，中下层公卿不愿与藩士享受相同的待遇，故要求将参与分为上参与和下参与。这样一来，大久保利通和后藤象二郎等人既无法成为议定，也无法成为上参与，在议会内的影响力就会十分有限。

不过，由于上京藩兵的"合纵连横"，各藩家臣的发言权逐步增强。其典型表现之一便是一月二十七日①新帝举行的萨、长、艺、土四藩藩兵的阅兵仪式，这也可以说是宣布官军成立的典礼，不仅向幕府，也向二院制下的议定和上参与宣示了下参与的存在感。下面，我们通过谷干城（率领土佐藩兵参与了这次阅兵仪式）那具有日记风格的回忆录，来看看当日的盛况。

　　到了二十七日，天皇在日御门〔建春门〕前检阅了萨、长、土、艺四藩藩兵。萨摩藩不愧是萨摩藩，他们的服装帽子一律采用英式设计，演奏大太鼓、小太鼓和笛子等乐器的乐队走在前面，堂堂正正地在御前表演的姿态实在是勇猛刚健又不失

---

①　据查史料原文，此处应为庆应三年十二月二十七日（1868 年 1 月 21 日），而非一月二十七日。而且从下文提到的"江户萨摩藩邸烧讨事件"来看，也应是十二月。

活泼，令佐幕者心惊胆寒。萨摩之后是长州，长州之后是安艺，而我藩仅有两小队而已。服装也没有统一，军队样式仍为以前的兰式。我辈中与军事相关者，皆甚是遗憾。（中略）各藩只有步兵，唯萨摩藩有一队炮兵在最后行军。如此盛大的阅兵式，余未曾见过。

（島内登志衛編『谷干城遺稿』上巻、靖献社、59頁）

谷干城

西乡隆盛与明治维新

在阅兵式的翌日，西乡派来急使，谷干城立马奔赴西乡所在地。谷干城记录了当时的情形：

到了二十八日，有急使自西乡处来。余立刻前去。西乡莞尔笑曰：已经开始了，紧急联系乾〔板垣退助〕君。

（同上）

究竟是什么开始了呢？谷干城继续写道：

西乡说，二十五日，庄内、上山之兵炮击三田的〔萨摩〕藩邸①，藩邸已化为灰烬，敌方已经打响了战争。刻不容缓，不能再犹豫了。

（同上）

然而，对于担心土佐藩兵无法及时赶到的

① 即"江户萨摩藩邸烧讨事件"，庆应三年十二月二十五日（1868 年 1 月 19 日），萨摩藩位于三田的江户藩邸遭到庄内藩新征组等的袭击，并且被放火烧毁。该事件及其一系列的后续事件后成为戊辰战争的导火线。

谷干城，西乡回答说："这次不是二十天或三十天内就能分出胜负的事，请你尽快前往〔土佐〕。"在这一节点上，西乡预想到的不止是鸟羽伏见之战，而是正式的戊辰战争。

中间派的败北

萨摩、长州及土佐的板垣派都做好了与幕府军长期战斗的思想准备，与此相对，越前、土佐的主流派认为对德川家的处分只是让将军返还职位就够了，尽力想要避免旧幕府与萨长两藩的正面冲突。此时越、土两藩的立足点是，包括德川藩在内的全国大藩召开"议事"会议（『西乡隆盛伝』第四卷、4～5页）。

然而，保守派与革新派的和解并不是那么容易就能实现的。不但革新派在建春门前举行军事游行，以夸耀武威；而且幕府军也集结在大坂城下，表明了与萨长军的战斗正合我意的态度。中间派的松平春岳派遣使者中根雪江赶赴大坂城，若年寄永井尚志毅然决然地对中根说，朝廷的"当务之急乃除去〔萨长〕二贼"，"悔过当初，恢复〔十二月〕九日以前的状态"，并且胸有成竹地宣称"我们完全有把握攻入萨摩藩邸"（同前书同卷，15页）。幕府与萨长已经两极分化，完全无视想要将二者纳入封建二院制的土佐和越前等中间派的工作，执意推动军事冲突来解决纷争。

再会胜海舟

众所周知，在 1868 年旧历一月三至四日的鸟羽伏见之战中，萨长两军打败了数倍于己的德川军，就此成为"官军"，而德川军则沦为"贼军"。为了追击遁逃至江户的德川军，朝廷于二月九日设置了东海、东山、北陆、奥羽的先锋总督兼镇抚使，四道①先锋总督由大总督府统率，而西乡被任命为直属于东征大总督有栖川炽仁亲王的参谋，即总督府形式上的二把手、实际上的总指挥官。被分为四道的征讨军的参谋，均从萨摩、长州、土佐和宇和岛等藩的藩兵领导层中选出。顺便一提，在鸟羽伏见之战前夕得到西乡急报的板垣退助被指定为东山道军的参谋，从一开始就参与了此次江户总攻。

---

① 即上述东海、东山、北陆、奥羽。

另外，在撤退到江户的德川军中，胜海舟升任为陆海两军的总指挥。从胜海舟的日记里可以看出这次晋升之唐突。

〔一月十七日〕夜，忽然被任命为海军奉行并。而且官军兴师问罪，自京师东下。

〔一月二十三日〕半夜，受命担任陆军总裁、若年寄。

微臣并不指望在陆军里任官，然而陆军士官等有意让我担任，虽固辞，仍未得免。（中略）一时间官位之高让人万分惶恐，更何况鄙人乃不才之身，实在顾虑不少，故而希望至少撤回若年寄一职的任命。终于如愿以偿。

〔一月二十四日〕收到信件，告知我出席时的座位在若年寄的次席，让我做好准备。

（以上均出自『勝海舟全集』第一九卷、6、9頁）

江户总攻军事实上的最高指挥官西乡隆盛与即将迎战的德川藩陆军总裁兼海军奉行胜海

舟，将以三年半以前两人初次会面时万万没有想到的形式再会。

　　两人的会谈在 1868 年旧历三月十三至十四日举行，正式会谈似乎是在十四日进行的。

　　三年半以前的会谈中，西乡为对方的气量而倾倒（见第三章）；而这一次，轮到胜海舟因西乡的决断力而咋舌。胜海舟恳请在官军对江户城发起总攻之前就无血开城进行交涉，对此，西乡的反应是：

> 　　西乡如此说道：我一人，无法决断今日之事，请容我明日出发，向〔骏府的〕督府进言。又说，虽然明日有进攻之令（但我将暂缓执行）。于是向左右队长下令，从容离去。他的杰出果决，实在让人惊叹。
>
> 　　　　　　　　　　（同前书同卷，第 34 页）

　　西乡擅自决定中止翌日的江户总攻，向胜海舟承诺，将向大总督传达胜海舟的请求。

　　西乡虽说现居大总督参谋的要职，但原本也只是萨摩藩的一介下级武士而已，如此的独断专行，是作为海军奉行并的胜海舟无法想象的。甚至在成为陆军总裁的此时，胜海舟也无法像西乡一样具有如此魄力。他如此记录了这件事给他带来的冲击：

> 萨藩一二小臣，上挟天子，下令列藩，出师迅速，类猛虎驱羊群，如何成此奸雄哉。
>
> （同前）

三年半以前被西乡认为"有英雄气质"的胜海舟，这次发出了西乡为"奸雄"的感叹。

消亡的组织与勃兴的组织

从1862年就任军舰奉行并，到1868年成为陆军总裁，胜海舟在六年间一直身居海陆军要职，但他并没能阻止幕府军对鸟羽、伏见发起攻击，于是在官军兵临城下、即将发动江户总攻的前夕，叩响了西乡的军门。

在三年半以前的会谈中，西乡曾说胜海舟的智力知识与行动力均让他"甚为钦慕"，但胜海舟在幕府组织（身份制和合议制的复杂组合）中几乎动弹不得。有关这一点，正如第三章（本书页边码第 75 页）介绍的那样，只要回想一下 1862 年胜海舟就任军舰奉行并之后马上召开的幕府会议，便可以很容易地理解。胜海舟在日记中记载了那天的情形：

〔1862 年旧历八月二十日〕前往江户城。阁老〔老中〕、参政〔若年寄〕、大目付、目付、御勘定奉行、讲武所奉行、军舰奉行及其他官员共同出席，在御前商议海军之事。（中略）问曰：我邦配备军舰三百数十艇，遣幕府之士驾驶，政府维持海军大权在手，若想在东西南北海域均部署军队，今后几年可以全备？

（同前书第十八卷，第 3 页）

正如第三章引用的那样，胜海舟对此给出的回答十分放肆（"五百年"）。在这里我们要提出来讨论的是，这个大问题被提出时的幕府的身份制与合议制。如上文既述，老中有四五位，均从 10 万石左右的谱代大名中选出；若年寄的人数大致相同，从 2 万石左右的谱代大名中选出。大目付有四五人，目付有 10 人左右，还有三奉行，均从旗本中选出。在这次约 30 人参加的大会议上，与会成员的身份分为三段。如此一来，即便最下等的军舰奉行并认真阐述正题，其提案恐怕也难以通过。幕末的胜海舟，就是在这样的制约下行动的。

与胜海舟的情况相反，在匆忙建成的"官军"里，萨摩藩兵的势力占据绝对优势，而西乡名副其实地站在了萨摩藩兵的权力顶点。

更何况西乡在萨摩藩兵内的声望并非一朝一夕形成的。他经受了岛津久光整整五年的压制，终于在 1864 年重新掌握权力，此后又花费了整整四年，终于一点一点地掌握了萨摩藩兵的指挥权。西乡与胜海舟于 1868 年旧历三月十四日举行的会谈，鲜明地展现了二者之间的差异：逐渐消亡的旧体制一方缺乏领导力，新兴势力一方却具有快速决断和实行的能力。

3　西乡路线的界限

针对西乡指挥战争的批判

然而，西乡放弃了作为"封建议会制"的合纵连横，转而选择了另一种合纵连横的形式——"藩兵联合"，这一西乡路线在戊辰战争结束后就失去了效力。虽然官军是以打赢与旧幕府势力的内战为大前提匆匆建立的，但是，一旦这个目标实现了，他们除了返回藩地以外别无他途。因为他们虽然名为"官军"，实则只是萨摩藩兵、长州藩兵和土佐藩兵而已。

我们并不清楚西乡自身是否意识到了这种宿命。他只是以利用官军镇压全国反对势力为目标，至旧历九月二十二日会津藩若松城开城为止，作为事实上的最高指挥官转战各地。

从江户无血开城，到官军与彰义队和奥羽越列藩同盟的战斗，再到会津藩若松城的陷落，此间经纬在此前的诸多研究（例如，佐々木克『戊辰戦争』中公新書等）中已经被论述得十分详细和明确了，因此，这里仅就针对西乡指挥战争的批判和质疑略做补充。

对西乡的第一种批判来自官军内部。率领土佐藩兵加入东山道军的谷干城的观点就属于这一种。

谷干城的批判意见是：西乡隆盛和伊地知正治率领的萨摩藩兵构成了大总督府的中坚力量，而西乡重视与胜海舟的约定，抑制武力行使，从而让幕府兵带着武器逃到了会津（『谷干城遗稿』上卷、90～92页）。谷干城写道："若如期在〔三月〕十五日攻入（江户城），敌军尚未准备就绪，且议论纷纷，人们没有死守之心，故而我方并不难取胜。一时间集中力量攻取此城，则不逞之徒胆战心惊、魂不守舍，就不会发生野州、奥州之事，也不至于发展到后来的上野战争，真是遗憾之至。"（同前书同卷，第

92 頁）

第二种批判声来自西乡的传记作者。西乡在镇压会津藩后，错误地判断仙台、米泽和南部三藩会支持己方并成为反幕先锋，仅仅派遣了400名官军前去。胜田孙弥对此批判道：

及至奥羽列藩结成同盟，会津、桑名与旧幕府合兵一处，共同抵抗官军，在北越及白川口发生的战斗尤为激烈。战报传至江户时，恰逢对德川氏的处分结束、上野之兵〔彰义队〕被镇压、关东全境得以平定之日。起初，隆盛欲以奥羽镇压奥羽，仅仅从参谋中选出特定人物，命其率领少数萨长藩兵前往。故而大山〔纲良〕等人遭遇的危难〔400人中折损了350人〕，尤其应该归咎于隆盛。

（『西郷隆盛伝』第四卷、147頁）

这两种批判声反映了人们对于西乡是否有资格立于倒幕战争的顶点、成为军事指挥者的质疑。

但是，第一点中谷干城之所以对西乡提出批判，是因为土佐藩兵无法理解以西乡为首的萨摩藩兵对胜海舟的强烈信赖。如上文论述的那样，西乡是在三年半以前结识胜海舟的，但小松带刀和吉井友实等人早在那以前就与胜海舟有交流了。因此，西乡与胜海舟之间关于江户无血开城的约定，得到了全体萨摩藩兵的支持，他们一致同意不要为难胜海舟。

充分展现了这一点的事例是，四月三日在千叶的流山俘获新选组的近藤勇之后，围绕对他的处理，萨摩藩兵与土佐藩兵产生了对立。谷干城深信胜海舟欺骗了西乡，以便让幕府士兵和新选组逃往会津，于是对近藤勇严刑拷打，逼迫其招认自己是在胜海舟和大久保一翁等人的指挥下行动的。对此，在官军中率领萨摩藩兵的西乡盟友伊地知正治反对提出胜海舟和大久保一翁的名字，并斩钉截铁地对官军总督说道：

> 唯独此事并非我等共同的意见，而是萨州之论。若这一意见不被采用，我将率兵归藩（中略）。至此为止的大业究竟是谁

成就的呢？

所谓官军，实际上是萨摩、长州、土佐的藩兵，可以说，其中萨摩藩兵的贡献最大、实力超群。不仅是西乡隆盛，其他萨摩藩兵的指挥官也都尊敬胜海舟与大久保一翁等旧幕府内的开明派人士。即便是旧幕府士兵向会津逃跑，他们也完全不愿将责任推到胜海舟等人头上。

第二种批判意见，即来自《西乡隆盛传》作者的批判又如何呢？西乡真的是因为过于乐观才仅仅派遣了萨摩藩兵约 400 人，寄希望于之后利用仙台、米泽和南部三藩的兵力攻陷会津吗？

笔者认为，西乡最初没有（没能）派遣大军前往东北的原因在于士兵的疲敝与藩财政的枯竭。虽然目前没有发现萨摩藩与西乡直接记录这些原因的史料，但同属官军的土佐藩留下了以藩财政困难为由拒绝增兵的史料。六月十六日，即约 400 人的萨摩军刚刚在东北遭遇惨败后，谷干城在日记中写道：

此时，接到了命我兵出征北方的密令。然而，出于财政原因，不得不拒绝从命。余窃以为，萨、长两藩不仅向奥羽而且向越后也派遣了大量军队，而我藩仅负责奥州一方（却也无法成行），实在遗憾。把这些告诉同路之人，虽然大家皆有同感，但是哪怕筹措一点军资也十分困难。那时，便传来官军在北越大败的消息。

（『谷干城遗稿』上卷、133 頁）

直至 1871 年（明治四年）的废藩置县为止，官军的军费都由各藩承担，这一明白无误的事实却因"官军"这一名称而容易被人忽略。

既然土佐藩兵的出征费用由土佐藩承担，那么萨摩藩兵的军费当然也由萨摩藩承担。这就是为什么西乡会寄希望于东北三藩，想用约400 人攻下会津。

这一作战计划失败后，西乡唯有回到藩地，在征得萨摩藩的同意后，进行藩兵的大动员。《西乡隆盛传》的作者因"在此多事之日，隆盛竟然归国"（『西郷隆盛伝』第四卷、148页）而感到讶异，但这其实是因为真正意义上的"官军"尚未形成。

官军解散

　　1868年（明治元年）旧历九月二十二日会津藩被降伏，同月二十七日庄内藩也投降，自鸟羽伏见之战以来长达8个月的戊辰战争终于以官军的胜利告终。十月东征军解散后，西乡就从北越地区去了江户，又于十一月回到鹿儿岛。

　　打倒幕府的最大功臣西乡隆盛，为何没有在中央担任要职，而是随萨摩藩兵一起回到鹿儿岛了？这个问题长期以来一直困扰着历史研究者。就连本书不时引用的胜田孙弥的《西乡隆盛传》，与其说是对此做出了说明，还不如说是仅仅停留在提出疑问的层面。胜田如此写道：

　　　（隆盛）攻陷会津、庄内，平定奥羽之地后，率领官军诸藩兵凯旋归朝，众望集于隆盛一身，其一举一动皆受到天下瞩目。

人们认为，隆盛或许会立于朝堂之上，成为首相，总揽政治；又或许会成为第二个德川氏。然而，将名利置之度外，视权势如尘埃粪土，实乃隆盛之天性使然。况且，当时萨摩藩的年轻才俊及诸队藩兵均唯隆盛马首是瞻，尊其为师，如影随形，因而隆盛在此形势下也无法独自离去、进入朝堂。再加上萨摩内部的种种关系，其隐退之意愈加强烈。故而在平定奥羽之地后，隆盛意欲回归本国，在故乡山地韬光养晦，于是悠然回到鹿儿岛。（中略）隆盛一定居下来，马上就带着壮士数人和仆从一人，牵着几条猎犬，前往高城郡日当山的温泉，其间跋涉山水、追兔猎猪，静养其心。

（『西乡隆盛传』第五卷、1～3页）

最后一句话让人联想到上野公园的西乡隆盛雕像，这是有依据的。略晚于西乡回到藩地的伊地知正治，在翌年1869年（明治二年）旧历一月写给大久保利通的书信中汇报了西乡归藩后的情况：

东京都台东区上野公园的西乡隆盛像

　　入道先生已然在日当山温泉疗养了四五十日，还带着四五条犬、二至四名壮士同行。

　　（『大久保利通関係文書』第一卷、80頁）

　　由此可见，西乡随藩兵回到鹿儿岛，在泡温泉和狩猎间度日，确为事实。然而，胜田充分说明西乡这样做的理由了吗？胜田列举的三点理由确实有理可据。第一点，关于西乡不在乎名利和权势的特点，通过阅读本书此前的叙述也可明了。第二点，有关萨摩藩兵"尊其为师"的内容也与前文论述的相同。第三点，关于以久光为首的萨摩藩内的保守派对西乡路线的反对，在本书中也时常有所论述。

现在的问题是：为什么萨摩藩兵没有作为"官军"驻扎在江户？既然他们作为"官军"已然镇压了旧幕府及其支持势力，那么继续作为"官军"支持新政府不是更好吗？

其实答案就隐藏在问题里。因为"萨摩藩兵"属于萨摩藩，并不属于新政府。这是封建制的特征，并不是单纯打倒幕府就能改变的。

西乡率领作为"官军"的萨摩藩兵打倒了幕府，却让他们作为萨摩藩兵回到鹿儿岛，想必西乡自身对此是有所不满的。然而，很难想象在这一时间点上全体萨摩藩兵也与西乡一样拥有这种"官军意识"。虽然我们没有发现体现萨摩藩兵意识的史料，但是有史料显示，同为"官军"的土佐藩兵将对土佐藩主的忠诚视为第一要义。

同为"官军"的土佐藩兵也在同一时期（十一月二十四日）凯旋，回到了位于芝的增上寺①。翌日，谷干城在日记中写了如下一段话，从一个侧面展现了他们并非作为"官军"，而是作为"土佐藩兵"的意识。

> 同月二十五日，兵队集合于上藩邸马场拜谒我藩老公〔山内容堂〕，得蒙慰劳之意，每人获赐金二分以供酒食。（中略）
>
> 同月二十七日，借助英国船只，旧兵皆归故国。（中略）〔十二月〕二日，后兵乘夕颜船从江户出发，同月五日抵达藩国。公莅临致道馆，接见诸队，表达了慰劳之意。自此队伍解散，众人欢呼雀跃地归家而去。今日，我得见年老双亲，极其喜悦，以至于暂时无言以对。今天傍晚的酒特别美味。
>
> （『谷干城遗稿』上卷、171～172 頁。着重号为笔者所加）

---

① 位于现东京都港区芝公园四丁目，是德川家的菩提寺，寺内有二代秀忠、六代家宣、七代家继、九代家重、十二代家庆、十四代家茂共六位将军的墓地。

在十一月二十四日胜利返回芝的增上寺的土佐藩兵，于翌日获准拜谒前藩主山内容堂；而后前一批部队于十一月二十七日、后一批部队于十二月二日朝高知出发，五日到达高知后拜谒了藩主山内丰范，于是部队就解散了。他们从头到尾都是"土佐藩兵"，丝毫不见"官军"的要素。大约两年半以后，萨摩、长州和土佐三藩向中央政府献上近7000名藩兵，以组建"御亲兵"，在戊辰战争中战斗过的人们自此才终于摆脱了"藩兵"的身份。

第五章　"革命"结束与重回政权

1　是议会制还是御亲兵？

藩兵与公议所

获得了戊辰战争胜利的萨、长、土三藩的藩兵回藩以后，中央政府就成了单纯的天皇政府，既没有军事实力，也没有全国性的支撑基础。就算是"王政复古"的旗号打得再响亮，如果既没有军事实力也没有"公议舆论"的支持，是不可能统治被分为约300个藩的整个日本的。

"公议舆论"的制度化经由1869年（明治二年）旧历三月开设的公议所得以实现。各藩出一人，合计227名公议人齐聚一堂，审议重要国事。

由于本书的主人公是西乡隆盛，所以对于本书来说，重要的是赢得戊辰战争后归藩的萨摩藩兵与这个公议所（七月改称集议院）的关系。

1870年（明治三年）旧历五月，集议院围绕中央政府的陆海军军费由各藩分担的金额展开审议，这就关系到新政府、各藩代表与戊辰战争的功臣三个方面的关系。原本的方案是：假如10万石的藩，则缴纳18%（即18000石）给中央政府（也就是除去藩主所用的10%后的五分之一，即剩下的90%中的20%）。

对此，可以说是戊辰战争中功臣之首的萨摩藩正面提出了反对意见。这里转引宫地正人《废藩置县的政治过程》一文中的一段话：以萨摩藩权大参事（副知事）的身份出席会议的伊地知正治说道："现在连领内的会计都十分贫困，在这种时候还让我们上缴岁入的五分之一，即便是完全废除列藩的常备兵也很难完成。"说完他便返回鹿儿岛去了（宫地正人「廃藩置県の政治過程」、坂野・宫地正人編『日本近代史における転換期の研究』山川出版社、52頁）。

与萨摩藩一样在戊辰战争中作为"官军"战斗的土佐藩也表达了相同的意思，板垣退助、谷干城和片冈健吉等人反对道，"如我高知藩[①]一般，在戊辰一役中尽力，因此藩内已经疲敝不堪"，此时却还让他们与曾为"贼军"的东北、北陆诸藩一起承担相同的兵税税率，实在是不合情理。另外，他们还提出，"既在藩内供养军队，又加上五分之一的兵税，相当于收了两次税"（同前书，第 51 页）。这一点批判意见值得注意。可见，作为戊辰战争中"官军"核心力量的萨摩藩兵与土佐藩兵，此时抱着与中央海陆军无关的态度，致力于充实本藩的军事实力。

在此，我们要关注的一点是，代表萨摩藩反对"五分之一"兵税的人是伊地知正治。上文不时提到，伊地知正治不仅在戊辰战争中，而且自 1864 年西乡复权以来的 6 年间，一直是西乡隆盛在军事方面的左膀右臂。他在戊辰战争结束后稍晚于西乡回藩，而此时又作为权大

---

① 即土佐藩，因藩主居城位于高知城（现高知县高知市），故又名高知藩国，明治初年将正式名称定为"高知藩"，废藩置县后改为"高知县"。

伊地知正治

参事代表萨摩藩上京。如果说他的主张就代表
了西乡的意见，相信并无不妥吧。

"官军"再集结

众所周知，1869~1870 年（明治二年至明
治三年），聚集了全国约 230 名藩代表的公议
所（后称集议院）的态度保守得令人惊讶，而
且是身份制下的产物。森有礼与神田孝平等人
提出的有关"四民平等"和"文明开化"的议
案基本上都被否决了。例如，有议案提出，不
论士农工商的身份，今日人人都应有使用姓氏

和名字的权利，该议案被否决；取而代之的是，仅有武士才能使用姓名的修正案以 80% 以上的赞成票通过（吉野作造编『明治文化全集·憲政篇』日本評論社、55 ～ 56 頁）。另外，针对是维持江户时代以来的藩制（封建），还是废除前者、改为中央集权制（郡县）的咨询，回答"郡县"的藩仅有 61 个，而主张维持"封建"状态的藩多达 115 个（同前书，第 64~69 页。除了上述两种回答外，有 41 个藩给出了模棱两可的回答）。

如此保守的 115 个藩，加上前文提及的旧官军的藩兵至上主义，我们可以很清楚地看出，明治二、三年的中央政府几乎没有权力的基础。

萨摩的伊地知正治在集议院中途退场后，过了约四个月，中央政府发觉了旧官军想要行使权力的迹象。1870 年（明治三年）旧历九月底，土佐藩的参议佐佐木高行获得了一条消息："西乡意欲率领大军出京，想将政府上层一网打尽。看样子最近就准备出京了。"值得注意的是，佐佐木将这一传闻与五月伊地知正治的行动联系起来考虑。他认为，"应尽早定下规则，找到让兵力归于朝廷的方法，在此基础上，才有可能开始讨论条理和公论。（中略）伊地知等人称病归藩，朝廷却没有追究之力"（佐佐木高行著、東京大学史料編纂所編『保古飛呂比』第四卷、東京大学出版会、434～436頁）。

朝廷如何才能拥有兵力，以便能够牵制戊辰战争中的两位英雄——西乡隆盛与伊地知正治呢？

不知为何，历史总是"辩证性"地发展着，正如黑格尔和马克思所说的"对立面的扬弃"那样。要想压制戊辰战争中最大的功臣——萨摩藩兵，中央政府唯有拥有比萨摩更多的兵力。然而，中央政府想拥有强大的军事力量，就不可能将西乡和伊地知这两位"尊王倒幕、王政复古"的大功臣排除在外。当这两个课题，即互相矛盾的两件事逐渐明晰起来时，相应的，解决矛盾的方法也不言自明。

"以毒攻毒"——虽然笔者因尊敬西乡而不愿使用这样的表述，但是，显然重新起用西乡和板垣退助为"官军"指挥官才是唯一的解决之道。

1870 年旧历十二月末，大纳言岩仓具视在出身萨摩藩的参议大久保利通和出身长州藩的参议木户孝允的陪同下，作为天皇的敕使，向萨、长、土三藩下达了将藩兵的一部分献出来组建"官军"的命令。这就是所谓的三藩献兵和御亲兵的成立。回到鹿儿岛的大久保给在京的吉井友实写信称："与老西乡会面，得以仔细商谈，自不必说我们达成了一致意见。"（『西乡隆盛传』第五卷、38 页）不过，西乡的主公兼 10 年来的仇敌——岛津久光，激烈地反对将萨摩藩兵献给中央政府。因为一旦戊辰军团重归西乡麾下并成为"官军"，久光和忠义（茂久，鹿儿岛县知事）父子的势力就会减半。

这次萨摩、长州和土佐三藩的藩兵正式作为"官军"再集结，自此日本全国再没有势力能够与"官军"抗衡了。《西乡隆盛传》的作者胜田孙弥在谈到萨摩藩有关献上藩兵的决定和西乡回归政府时说：

> 最初，在元治元年〔1864〕，受天下形势所迫，隆盛以南海一孤囚而崛起，策划勤

王党的联合，遂成就了维新之大业。今又为
断然推行一大变革，实现多年来的大目标，
隆盛再度走出萨南的草庐，奋力搏击。

（同前书同卷，第 42 页）

2 西乡"革命"的终结

"尊王倒幕"运动的终结——废藩置县

1871 年（明治四年）的废藩置县，毫无疑问让德川幕藩体制与明治国家体制产生了决定性的差异。这种差异并不仅仅意味着"封建制"向"郡县制"的转变等。自 12 世纪的镰仓时代开始，拥有领地、领民和家臣的藩主成为一种独立王国的统治者，这种体系延续了近 700 年，但在 1871 年一朝废除。

令笔者尤为惊讶的是，本书的主人公西乡隆盛将废藩置县看作自己一直以来的"尊王倒幕"实践的终点。从事实层面来看，笔者充分理解到：戊辰战争的结果是三藩献兵，三藩献兵的结果是废藩置县，无论哪项成果，如果没有西乡都无法取得。但是，笔者以前没有想到过西乡自己有意识地将废藩置县这场革命视作自己十余年来的"尊王倒幕"运动的终点。1871年旧历七月十八日（废藩置县的4天后），西乡写给桂久武——原来的家老、此时与西乡一样成为萨摩藩权大参事——的书信对笔者而言是极其重要的史料。

他在信中强调，在"全球化"（用今天的话来说）的形势下，分裂为近300个小国的日本无法存续下来。

> 比起外国人（的威胁），（现在最重要的问题是）在现行体制下，天子威权不立，国内四方各自为政，等等，不得不尽快确立国体。因为当时正值与万国对立、开立气运之际，实在是大势所趋，难以抵挡，所以是时候断然维护公义，下达改为郡县制度的命令了。
>
> （『西鄉隆盛伝』第五卷、64頁。着重号为笔者所加）

接下来，西乡竟然在给萨摩藩权大参事桂久武的信中写了如下一段话，此话的意思甚至可以被解读为，如果一直以来都是"尊王倒幕"之魁首的萨摩藩反对废藩置县的话，那么他将亲自率领"官军"征伐萨摩。

值此之际，原本是封土返献的先驱，此时关心的却如天下一般人一样，议论纷纷；此前为了勤王而扫荡幕府，此时却无法将志向贯彻始终。特别是当朝廷要废除自赖朝以来的（领主）私有权，难以取得成效。虽说绝不允许人们对此事有异议，但一下子废除旧习，各国也不知道会不会生出异变。我十分确信，如有异变，朝廷将不惜以开战为代价、决意实施，所以就这一点请您放心。

（同上。着重号为笔者所加）

我们无法清楚地知道，文中的主语究竟是指萨摩藩的保守派还是对废藩不满的其他藩。

但是，西乡确确实实断言，收回领主"私有权"的废藩置县是"尊王倒幕"的必然结果，如果反抗这一命令，就会受到御亲兵的征讨。

既然西乡意识到了欧美诸国的看法，否定了诸藩的独立，进而将其定义为领主"私有权"的废止，并且提到反对者将受到御亲兵的征伐，那么西乡意欲实现的就是近代意义上的"革命"。

西乡时代的终焉

反过来也可以说，废藩置县让西乡长年以来的目标得以实现。

自 1858 年受藩主齐彬之命，为拥立一桥庆喜而推动强大诸藩的藩主及其家臣的"合纵连横"以来，甚至在孤岛过着囚犯生活的五年间，西乡对于"王政复古"的信念丝毫没有改变，只不过其实现手段逐步有些许变化：从最初的幕政改革变为二院制议会，最后又变为萨、长、土三藩藩兵间的横向联合。然而，作为其根本的"尊王"，指的就是废除天皇与国民之间的媒介——幕府和藩，不断促进日本国家的发展，以最终树立中央集权式的日本国家体制。

废藩置县理所当然的结果就是，各藩家臣的身份也被废除。因为在打倒了幕府、废除了各藩之后，不可能仅仅保留家臣，让他们继续领取家禄，继续随身携带着两把刀，继续过着武士生活了。笔者认为，西乡已然深入考虑到这个层面了。作为"官军"的御亲兵说到底是天皇的军队，不再是萨摩藩和长州藩的军队了。"官军"不惜以战争为代价推动废藩置县，说明此后也就再无所谓"藩士"的存在了。

然而，这位"尊王倒幕""王政复古""废藩置县"的大功臣，并没有进行统治的经验，对欧美文明也没有很深的理解。除去五年的孤岛生活和两次内战（即 1864~1868 年，以及 1869~1871 年），西乡主要的贡献在于倒幕运动的组织化。与大久保利通不同，西乡甚至没有参与过统治 77 万石的萨摩藩的工作。

西乡大体上是理解欧美文明和立宪政治的，毕竟他尊敬佐久间象山，为胜海舟所倾倒，向萨道义说明过"国民议会"的必要性，也为日本能够与欧美列强为伍而建立了统一的日本国家（即废藩置县）。

但是，对于如何领导1871年建立的这个统一国家，西乡既不具备基本的知识，也没有必需的经验。从1858年至1871年的13年间，西乡的经验仅限于囚徒、革命运动与革命战争。

统治经验的欠缺

1871年（明治四年）旧历七月十四日，废藩置县的诏令颁布后，当天政府的人事就进行了调整：西乡、木户、板垣和大隈重信四人被任命为参议；大久保辞去参议一职，只担任大藏卿；就连岩仓具视也一度辞去了外务卿的职位。四参议之上只有右大臣三条实美，因此四参议掌握了政府的实权。其中，领导近7000名御亲兵的西乡，相当于占据了参议中的首要位置，说他是明治政府的最高权力者也不过分。

然而，自握有实权的那一瞬间起，前述西乡在统治经验方面的欠缺就越来越明显。五代友厚是为幕末时期萨摩藩的富国强兵做出了杰出贡献的实务家，他明确指出了西乡在建立新体制方面欠缺的东西。他在给长年来志同道合的萨摩藩士野村宗七（时任埼玉县县令）的书信中写道：

> 大和尚〔指西乡〕所持山林中的树木在当时什么用也没有，靠着大隈和木户林中良木的帮助，日渐繁盛起来。据说大和尚辖内的树木一个接一个地出仕诸省诸寮，居于井中之时，虽然威风凛凛，但就像石头不会说话一样，什么用也没有。
>
> （日本経営史研究所編『五代友厚伝記資料』第一卷、東洋経済新報社、162頁、明治四年十一月十三日书信）

不仅是西乡，就连他的下属们，均因此前一直专注于倒幕运动与倒幕战争，此时即便成为中央政府各官厅（"诸省诸寮"）的官员，也"什么用也没有"。

本书因以西乡隆盛作为主人公，所以无法详细叙述长州的木户孝允门下的井上馨、伊藤博文，以及肥前（佐贺）藩出身的大隈重信等人自明治初年以来作为大藏省官僚取得的实际成就。详情请参见拙著《未完的明治维新》(『未完の明治維新』ちくま新書)第70~79页，这里仅仅简单地说明一下，上文引用的五代友厚的信中所说的"靠着大隈和木户林中良木的帮助"确为事实。

因为大隈重信出身于肥前藩，所以西乡、木户、板垣和大隈四参议的体制被称为"萨长土肥"体制，为众人所知。的确，幕末时期的肥前藩可以说是富藩强兵的典范，在这一方面比起西乡与大久保所在的萨摩藩都更领先一步。不过，笔者并没有发现任何史料可以显示，肥前藩在幕末政治史上的一系列重大事件（1866年的《萨长盟约》、1867年的《萨土盟约》和"大政奉还"、1868年的"王政复古"和戊辰战争、1871年的废藩置县）中发挥了重要作用。

肥前藩重视包括稻米在内的特产品的培育和输出，拥有幕末诸藩中最强的海军和陆军，这些情况都被详细记录在藤野保编撰的《续佐贺藩综合研究》(『續佐賀藩の総合研究』)一书中。这本书是超过1000页的大部头，但是其中很少提及大隈重信的贡献。该书唯一认同大隈重信的功绩是：他与长州藩的倒幕运动有关，曾在长崎设立英学校，有志于促进日本对欧美事物的吸收和借鉴（第899~901页）。大隈重信仅仅凭借自身对欧美情况的了解，就受到长州藩倒幕派的青睐，从而得到破格提拔，从大藏次官（大辅）一跃成为参议。

大隈之下还有长州藩的井上馨和伊藤博文。虽然此处无法进行详细论述，但可以简单介绍一下：1863年旧历五月，长州藩曾半公开地允许五个人前往英国留学，而井上、伊藤二人可以说是其中的佼佼者，但一年后就回国了，同行的其余三人——山尾庸三、井上胜、远藤谨助则留在英国，继续研究财政金融和铁道矿山。后来，在五代友厚写到"靠着大隈和木户林中良木的帮助"这句话时，这三个人也已经回到日本，为身在大藏省中枢的井上馨和伊藤博文提供支持。与萨摩藩一样，长州藩也曾一心扑在攘夷运动和倒幕战争上，但它后来之所以能够超越萨摩藩，贡献了许多国家级的官僚，一部分要归功于1863年的这五个留学生。

遣欧美使团的后盾——西乡

1871 年旧历七月十四日的废藩置县可以说是幕末维新时期最大的变革，然而，这件事仅仅过了四个月（同年十一月十二日），明治政府中枢的一大半人马都前往欧美进行了一年半以上的考察。虽然 48 人的总人数令人惊讶，但更让人不可思议的是，在"王政复古"中发挥了重要作用的岩仓具视、大久保利通和木户孝允三人竟然离开日本长达一年半的时间，这究竟是为什么呢？

自佩里来航以来的 18 年间，日本接连不断地发生了"尊王攘夷""公武合体""尊王倒幕"等各种内乱，大久保和木户为了寻求新国家建设时的蓝图而亲自前往欧美进行考察，这实在称得上他们作为国家领导的英明决断。但是，他们不在日本的时候，新建立的这个国家真的没问题吗？实际上，只要西乡隆盛留守国内政府，使团就可以毫无后顾之忧了。只要有西乡在，御亲兵（近卫军）就不会发起反对政府的叛乱，而且被废止的诸藩也不可能企图反抗拥

遣欧美使团（从左至右依次为木户孝允、山口尚芳、岩仓具视、伊藤博文、大久保利通）

有最强近卫军的政府。唯一的不安定因素就是西乡曾经的主公——旧萨摩藩的岛津久光有可能会不安分，但这一事态即便是大久保在国内也无济于事。不知道为何，在使团离开日本期间，说服久光的竟然是大久保一翁和胜海舟这两位旧幕府的开明派官僚。看样子，早在西乡遭到流放的五年间，萨摩藩就已经与幕府开明派官僚建立了联系，并且二者间的关系相当密切。

既然不必担忧针对新政府的军事叛乱，那么财政金融政策方面又如何呢？正如上文引用的五代友厚所说的“靠着大隈和木户林中良木的帮助"一样，这一方面交给木户门下的大隈重信和井上馨等人来打理，也能够高枕无忧了。由木户孝允的心腹井上馨与旧幕臣涩泽荣一领导的大藏省秉持典型的健全财政主义，与其他官厅龃龉不断，这也确为事实。不过，这种情况在近代国家无论何时都有可能发生，即便岩仓、大久保与木户在日本也无法避免。

西乡与大久保之间的信赖关系

正如上文所述，自 1864 年西乡从鹿儿岛返回以来，西乡与大久保就结成了牢固的伙伴关系，一直到 1871 年实现了废藩置县。8 年来的同志情谊在大久保访欧期间也丝毫没有改变。西乡写信详细告知大久保自己在国内统御近卫军的困难和岛津久光对中央政府的批判等；而在英国的大久保也向西乡详细汇报了考察工厂的情况，这被收录在大久保书简（1872 年旧历十月）中。

从这封书信中可以看出，当时两人之间并不存在一年后在征韩论争中出现的"内治派"与"外征派"的对立。大久保在信中写道：

自上上个月的二十九日起，巡览了苏格兰及英格兰的各种有名场所，九日才返回伦敦。（中略）参观时看见越来越多的稀奇事物。每到一个首府城市就会去参观工厂，其中尤为壮观的是利物浦的造船厂、曼彻斯特的棉花纺织厂、格拉斯哥钢铁厂、格里诺克的制糖厂、埃丁伯勒造纸厂、纽卡斯尔钢铁厂（这是阿姆斯特朗建立的工厂，他是阿姆斯特朗步枪和阿姆斯特朗炮的发明者，此时也在厂里，带着我们参观）、布莱德福特缫丝厂和毛纺织厂、谢菲尔德钢铁厂（该厂主要制造汽车车轮，但也生产其他各种道具）和银器制造厂、伯明翰啤酒厂（据说这个工厂的厂房绵延12里）和玻璃厂，切斯特的伊斯威奇盐山等十分巨大，机械也极其精巧。稍逊于这些的大小工厂不胜枚举，由此足以知道英国富强的理由所在。

（『大久保利通伝』下卷、48～49頁）

大久保利通（国会图书馆藏）

这封书信让我们看到，在使团访问欧美各国的考察过程中，大久保对于近代工业十分倾倒。但是，更重要的是，大久保相信留守国内政府的西乡一定也对此感兴趣。这说明关于将欧美的近代工业引入日本这一问题，大久保与西乡，也就是使团与留守政府之间，并没有太大的分歧。

"征韩论"的萌芽

然而，在与上述重视引进近代工业（即"内治优先"）的思想毫无关联的地方，开始显露出日本与东亚诸国交恶的征兆，那就是人们通常所谓的"征韩论"的萌芽。西乡在八月十二日写给大久保的书信中就指出了这一点：

> 兵部省近卫局物议沸腾，山县〔有朋，近卫都督〕闭门不出，引起了短时间的混乱。故而，政府联系了天皇巡幸之地，让我们兄弟俩〔西乡隆盛和西乡从道〕一起尽快回去复职，原以为事态多么严峻，可回去后一看，并没有什么大事。然而，山县氏的身体状况实在让他没法继续任职，（中略）我应该助其一臂之力，与他共渡难关。实际上，此前将鹿儿岛队难缠的人物都推给了山县处理，也有考虑不周之处，今后应该与他一起努力才是。这次一再受人拜托，一定要我重新任职，我也渐渐被说服，将以元帅身份拜领近卫都督一职，现下的处境可谓是"在火药桶上睡午觉"一般。
>
> （『大久保利通関係文書』第三卷、360頁）

近卫兵的四成以上是旧萨摩藩兵，政府

让旧长州藩的山县有朋以陆军大辅的身份兼任都督一职，从一开始就不太可行。让西乡担任近卫都督，山县只保留陆军省的职位，这显然是水到渠成的结果。而问题在于，西乡本人将就任近卫都督一事比作"在火药桶上睡午觉"一般。

对于西乡而言，以旧萨摩藩兵为中心的近卫兵是"王政复古"和废藩置县的最大功臣。他在上述书信中继续写道：

> 这三个县的士兵都是天下的大功臣，解决废藩置县这一难题时，也因为他们的存在而没有引起太多反对意见，他们诚可谓是王家的支柱。
>
> （同上）

当然，上面的这封西乡书信并没有提到"征韩论"和出兵台湾的事情。但是，如果西乡自己没有在五年后（1877 年）发起叛乱，引起西南战争的话，那么 1872 年（明治五年）就没有可以与近卫兵对战的敌人了。虽然近卫兵的英雄——

西乡隆盛代替长州的山县有朋成为近卫都督，但这并不意味着近卫兵就找到了自身存在的价值。这就是为什么西乡会跟大久保说自己仿佛"在火药桶上睡午觉"一般。

第六章　废藩置县后的西乡

1 所谓"征韩论"

七落七起

此前论述的幕末维新时期的西乡个人史，可以被概括为四胜四败的历史。1858年的一桥庆喜拥立运动因井伊直弼发动的"安政大狱"而遭受挫折。但是，西乡的"合纵连横论"，即强大藩主联合起来向幕府施压的方针，在1868年实现"王政复古"之前的10年间一直是变革一方的体制构想。从这一点来看，西乡在一桥庆喜拥立运动中取得的"战绩"是一败一胜。

在这场运动中，西乡所持的"开国－锁国搁置论"的结果也是一胜一败。一直以来，人们都误认为井伊直弼违反敕命签订条约和"安政大狱"两件事是开国派对锁国派的镇压，因此开国与锁国的争论点遗留下来。然而，这一争论点又因 1862 年岛津久光率兵上京和东下而浮出水面。因为此时久光打着驱逐"尊王攘夷派"的旗号，再次将秉持"合纵连横论"的西乡流放了。驱逐"尊王攘夷派"使得"开国－锁国搁置论"无法实现，而单独出兵又使得通过强大诸藩的"合纵连横"来迫使幕府进行改革的构想也破灭了。

正如之前已经论述过的那样，久光率兵上京时遭遇的挫折反证了西乡主张的正确性。然而，无论主张是否正确，西乡因此在两年间被流放至冲永良部岛，可以说是西乡在政治上的败北。这种构想上的胜利与实践上的失败，就是我说的一胜一败。

1864 年，西乡返回萨摩后成为该藩强大的领导者，乍一看自那以后西乡都是连战连捷。然而，他在 1867 年旧历六月签订了《萨土盟约》，确立了上下二院制的构想后，又在翌年实施了武力倒幕，这一结果依然让人觉得是一胜一败。不过，罕见的是，西乡这次是构想上的失败与实践上的胜利。

实践上的胜利无法持久。1868年旧历九月攻占会津藩后，匆忙筹建的官军无事可干，于是各自回到了萨摩、长州和土佐，这些事实已在上文叙述过了。

如果说官军的解散是西乡的又一次失败，那么1870年年底御亲兵的设立则是西乡的胜利。第五章我们已经说过，萨、长、土三藩向新政府献上的近7000名御亲兵为新政府增强了军事实力，以此为背景，西乡成功逼迫近300个藩接受了废藩置县的政策。这又是西乡的一败一胜。

"第七落"——征韩论争

如上所述，准确地来说，西乡截至废藩置县时的"战绩"是四胜四败。但是，为了让读者更容易理解，将其比作相扑运动中的成绩表的话，或许也可以说是六胜六败吧。① 然后，作为压轴戏出场的是"派遣韩使论"及其失败以后的参议辞职（也就是1873年所谓的征韩论

---

① 作者如此比喻，是因为日语中有个四字熟语叫"七転八起"，意思是摔倒了七次，第八次也要站起来，也就是说，不论失败多少次，每次都重新振作起来继续努力。这与后文西乡的"七胜八败"相呼应。

争），这也可以说是一胜一败。正如下文即将论述的那样，革命胜利以后的官军强烈要求"外征"，西乡将其转变为向朝鲜派遣使者的方案，这是西乡的胜利；然而，他自己不得不辞去参议和近卫都督的职位，这显然是一次失败。不言自明的是，西乡最后的胜负取决于1877年的西南战争，这一次巨大的失败使得西乡的"战绩"成为"七胜八败"，此时也就是他的一生结束之际。

正如第五章最后讲到的，西乡作为最有权威的参议兼近卫都督领导着留守政府，此时最让他苦恼的是，完成了废藩置县这一大革命之后"革命军"丧失了存在目的。他所说的"在火药桶上睡午觉"，暗指革命军随时有可能发起暴动。

在内战中取得胜利的革命军期待的是发动"对外战争"。他们并不是想与日本政府代表正在访问的欧美列强开战，西乡直接领导的旧萨摩藩兵尤其如此，因为他们在10年前（即1863年的萨英战争）就已经体会到了大久保利通在英国参观的阿姆斯特朗公司的大炮枪支的威力。他们想要发动的战争是针对当时与日本有领土纷争和邦交问题的俄国、中国和朝鲜，而且不是全面战争，是局部战争。

但是，旧萨摩藩兵（近卫兵）和西乡隆盛都不是"征韩论"的急先锋，领导旧土佐藩兵（近卫兵）的板垣退助才是。明治末年，板垣自己监修的《自由党史》记述了如下内容：

> "征韩论"勃发之时，〔旧萨摩藩的〕黑田清隆作为〔北海道〕开拓使扼守北方锁钥〔门户〕，桐野利秋〔前御亲兵大队长〕作为熊本镇台司令长官卫戍西陲〔九州〕。而黑田因我桦太①渔民被俄国士兵射杀，欲将其作为国际问题处理；桐野也因自家管辖区内的琉球人被台湾生蕃虐杀，欲以此为名，兴征台之师。两人一同上京，与当局者商议此事。然而，二人来到东京后始知朝廷意在征韩，见自家的主张无法得到贯彻，便意甚难平。黑田甚至有时做出阻碍"征韩论"的言行。
>
> （『自由党史』上卷、岩波文庫、62頁）

---

① 即库页岛，俄称萨哈林岛，日称北虾夷地或桦太。

板垣退助

在日俄战争结束的五年后刊行的这本自由党的正史中，板垣退助居然自豪地宣称，萨摩的黑田清隆和桐野利秋是"征韩论"的妨碍者，自己才是其主要倡导者，这可真是让人对那个时代的价值观感到惊讶。

这一点暂且不论，板垣在回忆中提到的这一事实——可谓西乡心腹的黑田和桐野反对"征韩论"——在大约同时期出版的旧土佐藩兵的指挥官谷干城的遗稿中也能得到确认。谷干城在1873年5月接替桐野利秋，成为新的熊本镇台司令长官，因此，有关桐野的"台湾出兵论"，谷干城的回忆非常可信。他如此记载道：

> 当时邮政交通颇为不便，电报也只有小仓、佐贺和长崎才有，熊本尚未铺设线路。我们虽然听说诸位参议因"征韩论"而不和，提出辞呈，萨土之兵几乎瓦解的消息，但不清楚其中的原因。此时有人上报，〔早前〕台湾蕃人杀害四十余名琉球人，掠夺小田县〔冈山县西部〕的漂流民。桐野氏正在熊本任职，于是派遣鹿儿岛分营长桦山〔资纪〕氏前往台湾侦察，想要举兵讨伐。（中略）桦山氏也送来了侦察报告。我等早已预料到他们早晚会出事，但是实在没有想到"征韩论"会导致内阁分裂。
>
> （『谷干城遗稿』上卷、421～422頁）

四年后与西乡一同如城山的朝露般消失的桐野利秋，对"征韩"没有兴趣，是一个"征台"论者。

如果是这样的话，那么为何西乡直到最后

桐野利秋

都坚持亲自前往朝鲜进行交涉，因而辞去了参议一职呢？

在近卫兵（即革命军）这个"火药桶"上"睡午觉"的西乡，在桦太、中国台湾和朝鲜的选项中，不可能连一个都选不出。

然而，西乡曾许下诺言：在岩仓使节团出访之际，"大使出访外国不在国内时，应尽量避免进行政务的调整；如不得不进行调整之际，应照会大使"（『明治天皇紀』第二卷、581頁）。他有义务遵守这一约定。

家近良树近期出版的著作（『西郷隆盛と幕末維新の政局』ミネルヴァ書房）详细论述了

西乡隆盛与"征韩论"的关系，其中将使节团与留守政府的这一约定解释为"在岩仓使节团回国之前冻结朝鲜问题"（同上，第33页）。

但是，西乡认为，与出兵桦太和中国台湾不同，向朝鲜派遣武装使节团一事已经得到了在外使节团的认可。也就是说，他认为"派遣使节一事，与以前花房出使时的情况一样"（西乡于明治六年八月十七日写给板垣退助的书信，载『自由党史』上卷、68页）。

在西乡写这封信的一年前，外务省的花房义质作为全权大使，率领两艘军舰前往朝鲜进行开国交涉。自1858年以来，在15年间经历了国内外各种危险局势的西乡对这件事十分了解，故而主张这次由自己担任赴韩使节。花房义质赴韩的1872年（明治五年）旧历八月，是岩仓使节团离开日本的9个月以后，使节团并没有认为此事违反了双方之间的约定。既然如此，这次西乡自己作为对韩全权大使奔赴朝鲜一事，也不会违反与岩仓使节团的约定。

与此相对，黑田鼓吹的出兵桦太和桐野主张的出兵台湾，都会埋下日俄、日清间纷争的新种子，属于双方约定中所说的"政务的调整"，如果没有取得岩仓大使的认可，是无法付诸实践的。只有对朝鲜的炮舰外交是岩仓使节团已经认可的政策，正因如此，西乡才能够在1873年9月13日岩仓全权大臣回国前的8月17日，就让阁议（正院）通过了向朝鲜派遣使节的"内定"决议。

以上来龙去脉也验证了毛利敏彦在1978年出版的《明治六年政变的研究》（『明治六年政変の研究』有斐閣）中观点的正确性。

虽然该书完全否定了此前的常识，给学界带来了巨大冲击，但如果仔细阅读其内容，可以发现该书极具说服力和实证性。换言之，西乡并没有鼓吹"征韩论"，只是要求向朝鲜"派遣使节"。而他主张，如果自己在作为全权使节访朝期间被"杀害"，那么就可以成为"征韩"的借口。这是为了说服真正的"征韩"论者——土佐出身的参议板垣退助。西乡想要派遣使节团并不是为了制造开战的由头，这一点可以从西乡对两年后的江华岛事件的批判清楚地看到——他认为当时的日本海军为了制造开战借口而采取了"应感到耻辱的行为"（同上书，第81~84页）。
笔者认为，毛利氏的这一见解根本算不上"异端
思想"，反而是对西乡极其"正统"的理解。

围绕"征韩论"的一胜一败

如前所述，自 1858 年的一桥庆喜拥立运动
以来，西乡在 15 年间的革命过程中不是在体制构
想层面就是在实践层面获得了胜利。笔者着重论
述了西乡的"一胜一败"就是为了阐明这一点。

即便在征韩论争（实际上是围绕是否向朝
鲜派遣使者而产生的论争）中，西乡也是有胜算
的。虽然在留守政府内能够直接拜谒天皇的只有
三条太政大臣，但是在 1863 年（文久三年）旧
历八月十八日政变中不得不离开京都的三条之所
以能够就任明治政府的最高职位，完全是受了萨
长倒幕派的恩惠。因此对西乡和板垣等倒幕派参
议而言，三条是很容易对付的上级。

但是，带着大久保和木户出使欧美的岩仓具
视右大臣就不是这么简单的人物了。岩仓虽然是
下级公卿，但在"王政复古"的计划中，与大久
保、木户和西乡等人一样发挥了重要作用；而且

在 1871 年年初（明治三年年末），为了让西乡重返中央政府而作为敕使远赴鹿儿岛的人，也是岩仓。

如果说在"王政复古"和废藩置县等大变革中，西乡与岩仓的贡献大致相等，那么有关西乡派遣使节的最终决定，身为右大臣的岩仓就比身为参议的西乡更有发言权。因为除了刚才提到的三条太政大臣以外，能够直接拜谒天皇的就只有岩仓右大臣了。

西乡当然也觉察到了这一点。家近良树的大作《西乡隆盛与幕末维新的政局》认为，等待岩仓全权大使归国，所有人一起决定是否派遣使节，才是"正确"的做法（第 32 页）。然而，难道不正是因为如此一来恐怕没有胜算，西乡才在岩仓回国以前（8 月 17 日）就让留守政府给出"内定"结果的吗？

这一"内定"结果暂且发挥了作用。岩仓归国后，就任参议的大久保利通也参加了 10 月 15 日召开的内阁会议，会上正式决定"派遣陆军大将兼参议西乡隆盛前往朝鲜国"。如此一来，西乡的主张压制了萨摩的黑田清隆欲就桦太问题与俄国一战的观点，以及同为萨摩出身的陆军少将桐野利秋提倡的"出兵台湾论"，向朝鲜派遣使者以迫使其开国的方针，成为正式的内阁决议结果。截至此时，一切都如西乡所想的那样，可以说是他的一胜。

但是，能够直接让天皇采取行动的岩仓具视开始反击。他以生病为由，没有出席 17 日的内阁会议，这次会议原本是要决定 15 日会议的实施方案；而新任参议大久保利通与木户孝允也提出了辞呈。随后，岩仓的策略也不再仅限于缺席内阁会议，而是表示将辞去右大臣一职，积极地与西乡对抗。

据说，夹在西乡和岩仓之间左右为难的三条太政大臣患上了严重的神经过敏症。虽然很难判断其症状是政治性的还是生理性的，但因为我们已经知道有太多神经和肉体都十分脆弱的政治家，所以无法武断地认为三条的病症是政治性的。

一旦三条居家不出，那能够直接拜谒天皇的就只有右大臣岩仓具视了。西乡向岩仓施压：为了实施 10 月 15 日的内阁决定，需要请求天皇圣裁，如果右大臣因病无法拜谒天皇，那么参议直接觐见天皇也是可以的吧。对此，岩仓回答道：

> 兹事体大，不是参议能够采取行动的事情，尤其在我与三条太政大臣意见不同的情况下，如果想要奉圣旨实施太政大臣决定的事情，那么我也必须上奏我的意见，故而明日将进宫呈奏你我二人各自的观点，听从宸断。
>
> （『明治天皇紀』第三卷、146頁）

即便是明治维新的最大功臣西乡隆盛，也无法越过右大臣岩仓具视，直接拜谒天皇、取得"宸断"。

正如上文提到的那样，在幕末风云变幻的政治局势中脱颖而出的西乡早已清楚地预见到此时的事态。然而，无法克服预见到的事情，不得不说是西乡的败北。10月23日，岩仓向天皇上书陈述了不可派遣使节的理由；翌日，岩仓进宫拜领了天皇"今嘉纳汝具视之奏章"的诏书。

岩仓奏章的内容是："遣使〔朝鲜〕之日，

乃决定开战之日"，另外，"在建造船舰、储备军粮、充实钱财物品、妥当安排内政百般事宜之前，应预先决定各项工作的顺序和目的，然后再向朝鲜遣使，也并不算晚"（同前书同卷，第149页）。他偷换概念，将西乡的"派遣使节论"置换为"对韩战争论"，并据此提出为时尚早的观点。

岩仓无视内阁会议的正式决定，并且歪曲了自己"派遣使节论"的观点，这一行为让西乡十分愤慨，于是他在岩仓上书的10月23日当天就提交了辞去参议、陆军大将和近卫都督所有职位的辞呈，最终天皇允许他辞去除陆军大将以外的其他职位。这就是所谓"征韩论"的败北，西乡隆盛的败北。

2 出兵台湾与西乡

招募义勇兵

在 10 月 15 日岩仓也出席了的内阁会议上，政府正式决定向朝鲜派遣使节；但后来岩仓推翻了这一决定，提出的理由是军舰不足、财政匮乏。正如此前许多研究都指出的那样，此后仅仅过了不到四个月，内阁会议就决定出兵台湾，这就于理不合。因为不可能在短短四个月内，日本就能够增强军舰实力，增加政府收入。

不仅如此，与朝鲜不同，台湾属于当时东亚最强大的国家——清朝的领土，出兵台湾可能会引发日清战争。在这种情况下，日本需要"建造船舰、储备军粮、充实钱财物品"的量根本不是"征韩论"可比的。

但是，针对西乡下野后由岩仓和大久保利通领导的政府的这种矛盾做法，提出批判的是西乡的追随者，而并非西乡本人。相反，下野后的西乡支持出兵台湾，并且从旧近卫兵和鹿儿岛士族中招募了超过 300 人的义勇兵，让他们与政府军一同出征。

西乡的这种行为也并非不合常理。因为正如上文提及的那样，西乡的亲信桐野利秋一直以来就强烈主张出兵台湾。西乡此前之所以执着于向朝鲜派遣使节，其原因之一是，在不违反与岩仓使节团约定的前提下，满足近卫兵与萨摩军人的外征论，这在上文已经论述过了。岩仓等人虽然取消了派遣使节一事，却断然向台湾出兵，实现了西乡亲信原本的要求，西乡当然不会对此有异议。政府于 1874 年（明治七年）2 月在内阁会议上通过了出兵台湾的决定，4 月任命西乡隆盛的弟弟西乡从道为台湾"蕃地"事务总督，西乡从道率领约 3000 名官兵，分别乘坐 4 艘军舰向台湾进发。

此时，辅佐都督西乡从道的两位"参军"

出兵台湾与西乡

西乡从道（国会图书馆藏）

中有一位是熊本镇台司令长官谷干城少将。1877 年（明治十年），西乡军在田原坂布阵，熊本镇台军在熊本城布阵，双方持续展开了 50 多天的攻防战；而在此时，即三年前的 1874 年，双方却一同向着台湾进军。

一旦开战，西乡即为元帅

台湾属于清朝的领土，日本擅自向台湾派遣军队，清朝当然不可能坐视不理。日本政府出兵的理由之一是，1873 年（明治六年）3 月有 4 个来自冈山的漂流民在台湾被"掠夺了衣物、器具和财物"（外務省調査部編『大日本外交文書』第七卷、日本国際協会、19 頁），这实在算不上什么值得出兵的理由。还有一个真正称得上理由的，是 1871 年（明治四年）旧历十一月有 54 个琉球岛民在台湾被杀害。但是，当时琉球并非日本的领土，因此这一事件无法成为日本政府出兵的理由。清朝政府的态度冷淡而强硬，宣称只听说过台湾发生了琉球岛民被杀一事，并未听说日本人被杀的消息（同前书同卷，第 85 页）。

日本政府于 1873 年 8 月 1 日任命大久保利通为对清交涉的全权大使，授予他"逼迫（清朝政府）不得不出面解决琉球岛民被杀一事，决定是战是和"（同前书同卷，第 171~172 页）的权力。

大久保在 9 月中旬开始的对清交涉中受挫，日本政府开始为对清开战做准备。政府考虑让西乡隆盛担任对清战争的最高指挥官，而西乡刚因"征韩论"辞去参议和近卫都督的职位，回到了鹿儿岛。大久保在北京进行交涉的 9 月 24 日，事实上的海军大臣（因为海军卿胜海舟为旧幕臣，没有实权）川村纯义（海军大辅，萨摩出身）向太政大臣提交了以下意见书：

> 有关统率两军的人选，本不应妄论朝议，但若要微臣不顾惶恐、毫无隐瞒地上奏建议的话，微臣认为陆军大将西乡隆盛能够胜任元帅一职。一旦与清朝的谈判破裂，应速遣敕使前往浪华①，虽惶恐至极，但望皇帝陛下亲自授予（西乡隆盛）海陆军元帅的特权（下略）。

> （三条家文书、五〇の九）

换言之，在征韩论争中败北下野的西乡，并不是就这样开始转而准备1877年（明治十年）的西南战争了。下野后的西乡至少还受到政府内萨摩系军人的信赖和爱戴，他们认为，如果没有西乡，日本就无法与清朝这样的大国开战。

此时是1874年9月，仅仅两年半以后，西乡就发动了西南战争。正如下文将要提到的，发动起义的西乡曾期待掌握了海军实权的川村能够背叛政府、投靠自己，姑且也算是有据可依的。

---

① 即大坂。

歪曲的西乡传说

一有战事就仰仗西乡，这并不意味着西乡就是好战论者、侵略亚洲论者。西乡确实为出兵台湾提供了协助，但提出出兵的并非西乡隆盛，而是政府内的西乡从道和大隈重信。虽然笔者并不是说西乡就反对侵略亚洲其他国家，但正如上面已经论述的那样，西乡并不是"征韩"论者。那么，反对"征韩"、协助"征台"的西乡，为何会被认为是亚洲"雄飞"的英雄呢？

如果说 1873 年（明治六年）政府内的争论只是有关要不要让西乡隆盛成为遣韩使节的争论，那么与此相对，两年后的江华岛事件被称为"征韩论"就是实至名归了。日本海军的"云扬舰"堂而皇之地测量位于朝鲜半岛的江华岛炮台附近海域，并且以"请水"（请求补给淡水）为借口，舰长亲自乘小船接近江华岛。

江华岛炮台因此向其炮击，舰长井上良馨立即返回军舰，不仅用舰炮向江华岛炮台射击，而且占领了该炮台并夺取了战利品后返回。翌年 1876 年（明治九年）年初，萨摩的黑田清隆作为全权大使，率领使节团在 5 艘军舰的护卫下开

"云扬舰"

赴汉城，强硬地向朝鲜政府提出了西乡曾经期望实现的开国要求，其结果就是《江华岛条约》的缔结。

乍看起来，江华岛事件实现了西乡隆盛两年前的主张，但实则引起了西乡的强烈不满。西乡于 1875 年（明治八年）10 月 8 日写给筱原国干（他在征韩论争中与西乡一同行动）的书信，能够体现他在两年前主张的派遣使节论的真正主旨，在此引用其中的一部分。

> 朝鲜数百年来一直与我国保持着交往，但自维新以来，我国与其纠葛不断，已经

谈判了五六年，结果今日发展到这种局面，我国对待朝鲜就如同对待完全没有过交往、难以尽力挽回的国家一般，挑起战端，实在是令人遗憾至极。

（『西乡隆盛传』第五卷、125 页）

就像上面介绍的毛利敏彦的《明治六年政变的研究》中主张的那样，西乡在 1873 年（明治六年）提倡的并非"征韩"，而是向朝鲜派遣使节，其目标并非像江华岛事件一样。顺便提一句，毛利氏的著作中也介绍了上述西乡书信（第 84 页）。

西乡一直提倡有必要与朝鲜开展正式的开国交涉，对于"云扬舰"以测量航路为名挑衅江华岛炮台，一旦对方发起攻击，就一举占领该岛的行为实在难以原谅。他批判道：

即便要与对方开战，最初也应该以测量的名义提出申请，如果遭到对方拒绝，对方知道情况却〔仍然〕发起炮击的话，便可将其视为我国的敌人。即使不这样做，在开炮前也应该姑且谈判一番，就事情为何会在此时发展至此种状况质问对方。从一直以来两国之间的友谊来看，一概蔑视对方，因为对方开炮便以炮回击的说法，实在是天理难容、令人不齿。

（『西乡隆盛伝』第五卷、125 頁）

这一番言论实在不像是因"征韩论"出名的西乡说出来的。上文已经反复论述过了，西乡根本就不是什么"征韩"论者。

西乡对江华岛事件不符合道义的批判以下述语句总结：

我认为（造成江华岛事件的人）一点也不尽道义，只是从心底恃强凌弱的人罢了。

（同前书同卷，第 126 頁）

胜田孙弥是在 1895 年（明治二十八年）3月介绍西乡这封书信的，他在引用书信内容后阐述了自己的意见：

根据这封书信，（中略）足以想见隆盛何其重视对外问题。而且我们应该看到，他对朝鲜有切实的意见，并且重视国际理法。

（同上）

胜田做此评论时，正值日本在日清战争中已然胜券在握之际。西乡传的作者在这一时间点仍然强调西乡并非"征韩"论者。那么，究竟是从何时开始，人们一提起西乡隆盛便会想到"征韩论"，或者，一提及"征韩论"就会想到西乡隆盛的呢？

终　章　西乡的虚像与实像

"无人能超过福泽"

西乡批判 1875 年（明治八年）9 月的江华岛事件是日本针对弱国的卑劣挑衅，他在前一年的年底阅读了福泽谕吉的著作，深受感动。这本书是留法三年后归国的陆军少将大山岩送给西乡的，他是西乡的表兄弟①。西乡在给大山岩的信中写道：

感谢您惠赠福泽所著之书。认真拜读后，实在是如醍醐灌顶。自前几年起，诸位贤哲已提出众多海防策略，然而我觉得

---

① 大山岩之父原姓西乡，是西乡隆盛的叔父，后过继给大山家。

无人能超过福泽。今后如果还有此等珍贵书籍，请务必惠赠与我。

（明治七年十二月十一日书信，『西乡隆盛传』第五卷、128 頁）

西乡隆盛在幕末时期吸收了佐久间象山和胜海舟等人的海防策略，此时他竟然断言，包括这两人在内，"无人能超过福泽"。

西乡写这封信的 1874 年（明治七年）12 月，福泽的名著《文明论概略》(『文明論之概略』) 尚未刊行（该书刊行于 1875 年 8 月）。如果是明治五年二月以后刊行的《劝学篇》(『学問のすゝめ』) 的话，倒是有可能入手，但该书内容与"海防策略"风马牛不相及。如果是福泽的初期代表作——1866 年（庆应三年）刊行的《西洋事情》(『西洋事情』)，其中确实有论及"兵制"的内容，但仅仅是与各国历史、政治、经济一起列举的有关"海陆军"的说明罢了。更何况，送给西乡这本福泽著作的大山岩从 1871 年（明治四年）至 1874 年（明治七年）的约三年间一直在法国留学，刚刚回国的

福泽谕吉

大山岩不可能向西乡推荐写作于 8 年前的《西洋事情》。

福泽的书中只有一本提到了西乡和大山岩都关注的"海防策略",那就是 1869 年（明治二年）福泽与小幡笃次郎等人一同翻译的《洋兵明鉴》。该书译自 1863 年在美国出版的《战争艺术概论》（*Summary of the Art of War*），在《福泽谕吉全集》（第二卷）中收录的版本共有 68 页，全面论述了兵器、编制、战略和战史等内容。在幕末维新时期的日本，人们还没有明确区分论著和译著，故而西乡所读的可以姑且算作福泽的著作。

本书在这一问题上不再深究，但由此可以看出，因"征韩论"而下野并回到鹿儿岛的西乡隆盛"认真拜读"福泽谕吉著作之一的这种姿态，与幕末时期的西乡形象是具有连续性的。

心醉欧美者为何？

本书既然以《西乡隆盛与明治维新》为题，就不可能不论及1877年（明治十年）的西南战争和西乡战死。然而，笔者却迟迟难以落笔。

此前分六章论述了幕末维新时期的西乡，他在对外政策上十分冷静，并且秉持合理主义，在国内政治中也持民主进步的态度。幕末时期的西乡，与吉田松阴和木户孝允不同，从来也没有鼓吹过"攘夷"。虽然明治维新以后的西乡作为"征韩"论者而出名，但这是后世史家创造的错误的西乡形象，关于这一点已经在第六章论述过了。西乡对于1875年（明治八年）的江华岛事件的批判，就可以从侧面证明他并非"征韩"论者。

相信通过前几章的分析，大家也能清楚地看到，西乡意欲实现的国内政治改革是民主的、进步的。他在 1858 年提出的"合纵连横论";经过 1864 年与胜海舟的会谈,发展为"公议会论";最终成为 1867 年的《萨土盟约》中提出的二院制构想,即公卿与大名组成上院,各藩家臣代表组成下院。那个时候的西乡曾向英国外交官萨道义论述了"国民议会"的必要性,这一点在前言中已经论述过了。

西乡不仅以民主改革为目标,而且从热心吸收欧美文明这一点来看,他也是"进步的"改革者。上文已经明确记述过,西乡对佐久间象山和胜海舟等幕末时期具有代表性的洋学研究者十分钦佩,而本章开头介绍的西乡被福泽谕吉的著作深深感动的事例,其实令笔者也感到十分惊讶。西乡能够在 1871 年(明治四年)手握近 7000 名御亲兵,逼迫诸藩废藩,绝对不是一种偶然。

就是这样一位人物,居然在 1877 年(明治十年)2 月发起了反对明治政府的暴乱,4 月在攻占熊本城的战役中败北,9 月 24 日在仅剩的 372 名残兵败将的守护下自杀身亡。西乡在此前后的形象落差太大,笔者实在没有能力去描绘这种落差。

西乡自身的合理性

但是，凡事并不能仅以结果来做判断。在幕末维新时期，凭借一种战略性的合理主义排除万难、脱颖而出的西乡，不可能仅仅因为有372名同伴追随，就揭竿而起，与超过12000名政府军对峙。那么，是不是根据西乡自己的预判，在某种情况下，他确实有可能战胜政府军呢？

有关西乡的战略性预判，从市来四郎带有日记风格的回忆录中可以看到意味深长的记述。市来四郎是当时岛津久光的侧近，负责搜集和整理旧萨摩藩的史料。他所著的《丁丑扰乱记》（「丁丑擾乱記」）被收录于《鹿儿岛县史料·西南战争》第一卷。

笔者在二十多年前就已读过这份史料的内容，察觉到从中可以找出西乡自身的战略合理性。但是，由于对市来四郎这个重要人物所知甚少，无法判断该史料本身的可信度。不过，2011年家近良树呕心沥血地写就并出版《西乡隆盛与幕末维新的政局》这部大作，市来四郎这个人物的情况得以明了，《丁丑扰乱记》的可信度也随之提升（同书，第154~164页）。根据该书的研究，市来比西乡小一岁，比大久保利通年长两岁，曾得到岛津齐彬的重用，后来在久光治下的萨摩藩担任财政负责人，为了筹措军费而煞费苦心；他在政治上属于萨摩藩内的保守派，据说曾致力于建立包括德川庆喜在内的新体制（即"大政奉还"路线）。他虽然与西乡隆盛的政治立场截然相反，但作为同时代萨摩藩的同一世代的政治家一直有所活动，因此他提供的有关西乡的信息具有可信度。

市来在 1877 年 2 月 11 日，即西乡举兵的四天前，记述了如下内容：

（明治）十年二月十一日，晴后有雨，寒冷。（中略）西乡曰，川村〔纯义，海军大辅〕十有四、五会助我一臂之力，此一人归附，则海军全部为我所用；熊本有桦山资纪〔镇台参谋长〕，如我军能够进入肥境〔熊本县境内〕，则一、二大队的台兵

〔镇台兵〕大概会归我麾下。

（鹿児島県維新資料編纂所『鹿児島県
資料・西南戦争』第一巻、894 ～ 895 頁）

正如第六章论述的那样，川村纯义海军次
官在两年前出兵台湾之际已经做好了对清开战
的心理准备，于是向太政大臣进言，请求天皇
派遣敕使到鹿儿岛请西乡回归政府，作为最高
司令官（元帅）指挥对清战争。在这种情况下，
恐怕就如西乡所说，"海军全部为我所用"吧。

另外，桦山资纪是地位仅次于熊本镇台司
令长官谷干城的参谋长，众所周知，在西乡心
腹桐野利秋担任镇台司令长官时，桦山资纪曾
负责调查台湾的实际情况，政府根据其报告书
做出判断，决定于1874年（明治七年）出兵台
湾。如果桐野利秋的部下桦山资纪反水投靠西
乡军，那么熊本城的政府军将失去一半的兵力。
鹿儿岛县令大山纲良同意西乡的预判，说"在
熊本有五组料理等着享用。在马关〔下关〕大
概会有川村等人迎接我们的汽船吧。我们或许
能够饶有兴致地一路赏花而来"（同前书同卷，

第 895 页）。这一说法也并非空穴来风。

如果发生了对清开战这样的对外危机，海军次官（大辅）川村纯义和熊本镇台参谋长桦山资纪或许真的会按照西乡和大山纲良创作的剧本行动。但是，1874 年（明治七年）日清之间的纷争，在大久保利通竭尽全力的斡旋下，没有发展到开战的地步。对于 1875 年（明治八年）的江华岛事件，西乡丝毫没有隐瞒自己对挑衅弱小国家的军事行动的愤慨之情。

由此反过来推断，在西乡叛乱的 1877 年（明治十年），日本并没有遇到陆海军不得不请西乡出马的对外危机。那么理所当然的是，川村没有派来前来迎接的军舰，而桦山也没有背叛熊本镇台军。

"自力优胜"的可能性

西乡撰写的剧本完全是依靠外力的，这种计划仅仅在一年半以前的江华岛事件发生前才有可能实现。那么，在事情的发展脱离剧本时，西乡余下的选择难道唯有在城山同 372 名追随者一起自决或者投降吗？当时日本各地的镇台不可能轻易向熊本派兵增援，考虑到这一情况，西乡凭借自己的力量取胜，即"自力优胜"的可能性并不能说完全没有。

如果只集中从熊本城的攻防这一点来看的话，西乡军确实有可能占领熊本城。西乡军（步兵约 1.5 万，炮兵约 500，以及其他人员，合计约 2.3 万）从鹿儿岛出发，沿陆路向熊本城进发。他们一方面居高临下地与熊本城对峙，另一方面为防备从博多进军的政府军，仅仅在举兵 8 日后，就利用山鹿、田原坂、吉次垰、木留村易守难攻的天然屏障完成了布阵。根据政府军方面的报告，从地形上看，要想突破山鹿与吉次垰的防守几乎是不可能的，唯一有可能突破的田原坂又有西乡军严阵以待，"连战几日，每天都有五十乃至一百名死伤者"（同前书同卷，第 54 页）。

只要政府军无法突破西乡军的防线，熊本城一方就只能忍受围城之困。虽然熊本镇台兵坚守在天下名城之中，并且以大炮和火枪迎击攻城部队，确实比西乡等人预想的更加坚勇顽强，但他们面对拥有戊辰战争实战经验的西乡军，根本不敢出城来开展散兵战。3 月 13 日右大臣岩仓具视写给内务卿大久保利通的书信中有一节就描绘了当时的情况：

> 小生认为，西陲〔九州〕之贼剽悍奋进，一心向死，能对抗他们的大概只有所谓"丸与栅"〔只是从枪眼往外射击罢了〕了吧，吾等之上策乃以器械取胜。从昨天和今天的战况来看，他们果然擅长散兵战、狙击和白刃战。虽然我方将校士官平素之能力比其强十倍，但征募兵难以与其相提并论。
>
> （日本史籍協会編『大久保利通関係文書』第八卷、東京大学出版会、16 ～ 17 頁）

也就是说，虽然政府军的士官们接受的训练和积累的实战经验并不逊于西乡军，但"征募兵"是自 1872 年（明治五年）年底制定征兵令以来才动员起来的，只有短短四年多的时间，因此政府军除了守城而战外别无他法。

不过，这些"征募兵"也成功地忍受了五十余日的守城战。城内的粮食非常有限，将兵们每日只有两顿小米饭和一顿粥，文官及其他非战斗人员则每天只有一顿小米饭和一顿粥。即便如此，到了4月，粮食消耗殆尽也只是时间问题。根据熊本城4月8日发给政府的报告，"守城已将近五十日，粮食仅剩十余日的分量，但还看不到南北官军前来支援的希望"（『鹿児島県史料·西南戦争』第一卷、116页）。

在这种情况下，就连右大臣岩仓具视也认为，守军只能放弃熊本城，抱着决一死战的思想准备出城一战，争取与逼近西乡军后方的官军合流。他在4月11日写给大久保利通的信中写道：

> 从今日的情况来看，再过一周时间，恐怕就难以保住熊本城了。上文已经提到万不得已之计，即守城将士销毁弹药器械，抱着必死决心突出重围，与另一边的官军合流，除此之外，别无他法。（中略）时至今日，即便熊本城一时落入贼人之手，也

不足为惧。然而，世上之事一旦牵涉到人心，就不可小觑。

（『大久保利通関係文書』第八巻、155頁）

正如上文提到的那样，熊本镇台之所以采取了守城而战的策略，是因为即便出城迎战，缺乏训练且实战经验不足的镇台兵也无法打败西乡军。所谓的"销毁弹药器械"，就是为了应对己方部队全灭而西乡军占领熊本城的情况。与两个月前不同，政府军已经增加了各地镇台的兵力，并且尽力储备城内的粮食，因此，正如岩仓所言，"时至今日，即便熊本城一时落入贼人之手，也不足为惧"。

不过，对西乡而言，攻陷熊本城后即便是守城死战，想必也比战死在城山好太多了。岩仓也警惕道，"世上之事一旦牵涉到人心，就不可小觑"。比岩仓更容易焦虑的木户孝允早在3月下旬就预想到了熊本城的陷落，并且担心到了那个时候"须知他①的势焰〔气焰〕将盛，会灭我方之威势"（3月23日付伊藤博文宛書簡、

---

① 指西乡。

伊藤博文関係文書研究会編『伊藤博文関係文書』第四巻、塙書房、304頁）。

由此看来，西乡一度完全有"自力优胜"的可能性。

即便如此，为何会发起叛乱？

但是，西乡"自力优胜"的可能性终于还是消失了。因为政府的新军团（背面军）的一队人马出乎意料地在4月14日成功进入熊本城，他们是从绿川出发的，绿川位于田原坂的正对面，两者之间是熊本城。同一天熊本城的报告里写道："不到午后4点15分，一小部分东京镇台宇都宫分营的士兵进城了。这些士兵是今天早晨从限庄〔熊本市南区城南町限庄〕出发，突破贼军的包围圈进来的，城外围守的贼兵终不能敌，纷纷败走。"（『鹿児島県史料・西南戦争』第一巻、118頁）翌日，即4月15日，黑田清隆率领的背面军进入熊本城后，在木留、植木等地布阵的西乡军一齐撤退至东边的木山，他们此前曾阻断熊本城与正面军的联络长达40天。黑龙会将西乡看作"大陆雄飞"的先觉者，对其十分崇拜，1909 年（明治四十二年）由其刊行的《西南记传》将 4 月 15 日认定为西乡军事实上的败北之日，其中写道：

> 不得不说，经此天王山一役[①]，熊本城是否会陷落、这场战争的胜负如何，已经可以做出判断了。而从官军与熊本城之间的联络文书来看，此一役确实已经决定了胜负。（中略）故而战争的第二阶段〔4 月 15 日至 9 月 24 日〕虽然与第一阶段〔开战至 4 月 14 日〕相比，耗费了更多时日，其实西乡军不过是循着第一阶段的惯性在抗争，胜负之分实则早在熊本城之围被解之时就已经决定了。
>
> （黑龍会本部編『西南記伝』中一二、黑龍会本部、1 ～ 2 頁）

顺便要说的是，笔者至此一直回避了一个

[①] 原本指 1582 年（天正十年）丰臣秀吉与明智光秀在山崎之战中争夺天王山的战役，后引申为决定胜负的关键一役。

问题，即西乡为何会发起叛乱。一般来说这个问题应该在本章开头就提出来讨论，但是笔者想先向大家展示西乡叛乱自有其战略上的合理性（例如海军次官和熊本镇台参谋长的反水），以及战术上的合理性（熊本镇台无法守住熊本城）。

以上，笔者论述了自己的观点，那么最后不可避免要讨论的问题就是：西乡究竟为何会走到发起叛乱的这一步，而且如果他真的成功了，他究竟想实现什么目的呢？

叛乱的原因

通过上文的分析可以明确看到，西乡发起叛乱时并不是一点胜算都没有。从战略上看，认为中央政府的海军次官和熊本镇台的参谋长可能会反水的观点有其自身的依据；从战术上看，再过三四天，或许包围熊本镇台、等待其弹尽粮绝的行动就会成功了。

但是，仅仅是战略和战术上的合理性，并不能说明西乡发起叛乱的理由，因为发起叛乱必须有其目的或动机。

从本书此前的分析可以清楚地看到，1877年（明治十年）的西乡已经几乎没有尚未完成的课题了。他已经打倒了幕府，废除了封建制度，如果硬要说还有什么未竟之事的话，恐怕可以举出两件：一是常年来提倡的"合纵连横论"尚未实现；二是1874年梦想的日清战争并未发生。

"王政复古"以前的西乡是一个十分热衷于"封建议会论"的人，这一点在前面已经论述过了。但是，自从1867年的《萨土盟约》被废弃、局势陡然转变为翌年的戊辰战争，西乡在此后约10年间变得不再热心于引入议会制了。在1873年（明治六年）的征韩论争中下野的人里，热心引入议会制的只有板垣退助和后藤象二郎等旧土佐藩出身的参议（「民撰議院設立建白」1874年1月）。回到鹿儿岛以后的西乡致力于建立私兵组织，而非引入议会制。1874年（明治七年）6月开设的"私学校"就是一个例子。

虽然它取名为"学校"，但其实是直到半年前还作为近卫兵主力的戊辰军团，其成员都出身于旧萨摩藩。在西乡麾下参加过戊辰战争的筱原国干、桐野利秋、村田新八等人，分别作为枪队学校、炮队学校和士官（幼年）学校的教官，负责训练鹿儿岛县的士族。在那里，我们看不到那个曾在整个幕末时期为了实现"合纵连横"而四处奔走的西乡隆盛的影子。

西乡隆盛叛乱的另外一个原因是日清战争，这一点与他的特点十分相符。正如上文所说的，1874年（明治七年）出兵台湾之际，政府内出

私学校校址

现了想让西乡作为元帅重新回到中央、领兵与清朝一战的动向。虽然西乡在朝鲜问题上的态度是先礼后兵，逼迫朝鲜开国；但对于与亚洲最强大的国家——清朝一决雌雄这件事，西乡表现得很积极。

但是，既然留在政府内的萨摩系陆海军官员本来就对清朝持强硬态度，那么打着对清开战的旗号起义就几乎没有任何意义。西乡手下的得力干将桐野利秋就是反政府的急先锋，他号召各地士族自愿成为对清战争的先锋，以"帮助当今政府"。对此，西乡批评道："实在是贻笑大方。"（『西南記伝』上一二、685 頁）不过，西乡自己其实也希望以日本对清宣战为契机"横空出世"，激进派的桐野就公然宣称："大先生正在等待国有外患的机会，这种说法早已有之。"（『大久保利通文書』第七卷、496 頁）

如此看来，西乡并没有什么不得不发动内战以实现的"目的"。他的梦想——打倒幕府，打倒大名，建立近代中央集权国家——全部都已经实现了。西南战争是西乡发动的毫无大义名分的内战。

革命的成功与革命军的清理

依靠军队的力量成功完成"革命"以后，政府头疼的是如何处理"革命军"的问题。长州的木户孝允与西乡和大久保一样是明治维新的功臣，他认为"兵队的傲慢恰如病后的毒药"（1877年2月12日付书简、『伊藤博文関係文書』第四卷、301頁）。而立于近卫兵顶点、统率军队的西乡也写道，当时就像"在火药桶上睡午觉"（明治五年八月，见本书页边码第159页）。

西乡隆盛和萨摩军团本是近代日本最大的变革主导力量，前后经历了"王政复古"、戊辰战争和废藩置县等重大历史事件，此时却成为日本近代国家最大的绊脚石。

无论大久保利通如何努力避免在中央政府内与西乡发生正面冲突，无论西乡如何尽力安抚私学校的军人，这种革命的力学作用都无法被抑制住。

1877年（明治十年）1月2日，明治政府着手解除鹿儿岛的武装。上文介绍的鹿儿岛的市来四郎记录了当天的情况：

（政府要求将）矶造船所和火药所里所有造好的大炮，以及各类必要的器具、弹药等，全部运往东京或大坂城。一点也不要留下来。大小弹药只留下必要的量，命令守卫的人加强警戒。据传，这完全是政府听说了当时发生的骚动事件而预先采取的防范措施。私学校的同伴们听说了这件事情，都表现出甚为不平的样子。

（『西南記伝』中一一、217 頁）

因为鹿儿岛有可能发生叛乱，于是便将那里的武器、弹药都转移至大阪和东京。即便那是属于政府下辖的陆军炮兵分厂的东西，这显然也是一种挑衅行为。

对政府的这种挑衅行为做出应对的不是西乡隆盛，而是他手下的激进派人物——桐野利秋。据说，1 月 22~23 日，以桐野为中心的激进派向西乡施压，希望西乡下定决心采取行动。根据右大臣岩仓具视处搜集到的有关鹿儿岛情况的报告，不仅是西乡，就连枪队学校的校长筱原国干和炮队学校的校长村田新八，都试图阻止桐野的爆发。岩仓于2月10日寄给三条太政大臣和木户内阁顾问的信函上记载道：

> 1月23~24日，私学校的少壮派军人突然聚集到西乡处，迫切请求西乡一定不要错失良机，应立即大举起义。西乡持完全不同的意见，堂堂正正地主张正确的道理，但是说千道万，少壮派军人最后也未被说服，甚至提出不惜被冠以贼名，也应该举兵。西乡无可奈何，当场离去，行踪不明（中略）后来更加不清楚他身在何方。村田与筱原等人同意西乡的观点，恐怕主谋是桐野。
>
> （『大久保利通文書』第七卷、506頁）

私学校内的激进派因政府的挑衅而怒火冲天，连西乡、筱原、村田等领导层也只能短时间压制住他们。然而，1月29日半夜，桐野等激进派人士袭击了陆军炮兵分厂，将剩余的枪支弹药都据为己有。

虽说陆军炮兵分厂位于鹿儿岛县内，但好

乃是政府的东西。私学校的人们袭击工厂、抢夺武器弹药，完全就是犯罪行为，毕竟鹿儿岛县厅受中央政府内务省的管辖。更何况，旧萨摩藩的士族也不全都是私学校的支持者。筱原国干很有自知之明地说道，"跟随我们的人不足三分之一"（『鹿児島県史料・西南戦争』第一卷、890頁）。

如果放任事态停留在这样的小型暴动层面，那么他们必然会受到政府的处罚。事已至此，就连稳健派的筱原也改变了判断，认为"应速速着手起义"。筱原在 2 月 3 日的干部集会上如此论述道：

> 很难说县内的人心一定向着我们，因而一定要采用计策煽动，否则就会有很多人跟随旧知事〔岛津忠义〕来与我方抗衡。（中略）故而要稳定人心，就应夺取所有的弹药类物资，将制造所里的官员一个不留地逮捕起来，将持有异议的县官也全都捆绑起来，然后啸聚大举起义。
>
> （同上）

据说，2月6日在西乡家里召开了干部会议，此时西乡也同意决然起义。翌日起，私学校兵员们在夺取的陆军炮兵分厂内"不分昼夜"地制造大炮和弹药（同前书同卷，第893页）。

1877年2月，在这一时间点上，幕末与明治维新的英雄西乡隆盛并没有什么必须通过发起叛乱来实现的重大目标。但是，当政府将鹿儿岛的陆军炮兵分厂的武器弹药都转移到大阪时，桐野等私学校激进派人士受不了这种挑衅，乃至做出占领陆军炮兵分厂的举动，到了这种时候，西乡也不得不反了。正如本章前半部分论述的那样，一旦决定起义，西乡军不论在战略上还是战术上，乃至战斗能力上，都尽力做到最好。

然而，这场叛乱与10年前的戊辰战争不同，它并不是起因于什么所谓的"大义"，而"大义"是西乡一直以来十分看重的。1877年9月24日，有160名兵将在城山战斗到了最后，最终西乡与他们一起告别了这个世界。满打满算的话，这一年，西乡49岁。

结　语

西乡隆盛这个人物，长期以来，一直被划分在"右翼阵营"。在 21 世纪的日本，即便使用"右翼"或者"左翼"这些词语，也不一定意味着"右翼"就以"法西斯"和"总体战"为目标，同样，现在越来越少使用的"左翼"一词也并不就是指以社会主义革命为目标的人。就算现在有人自称是"左翼"人士，那么他们提倡的也是"遵守宪法九条"。这与过去指称社会主义者的"左翼"相去甚远。

其实，在 1945 年 8 月以后的战后民主主义时代，"左翼"对于"自由、平等、和平"中的"平等"（"消除差距"）并没有太多的关注，而是主要关注"自由"和"和平"。

"自由"的课题是不允许过去支配整个日本的宪兵和特高的复活，而"和平"的课题是让人们不用再经历天上掉下炸弹和燃烧弹的恐惧。自1937年7月全面侵华战争爆发以来，日本在整整8年间一直侵略着东亚、东南亚和南亚地区，而日本国民突然宣誓"再也不会将儿子送上战场"，这种姿态想必让被侵略国的国民们既感到松了口气，同时又十分反感吧。

这些暂且不论，在1945年8月，日本的"左翼"人士幡然醒悟，明白了"自由"和"和平"的价值，于是开始"猎白"，即开始向把日本引向法西斯主义与战争的政治家和思想家追究责任，这成为日本"左翼"人士的一项工作。

本书的主人公西乡隆盛，作为军部独裁和侵略战争的鼻祖，在战后68年间一直是被攻击的箭靶。因为人们认为，1873年的"征韩论"是侵略亚洲的最早尝试，而1877年的西南战争是以军部独裁为目标的政变肇始。

被"左翼"视为仇敌的西乡隆盛，成为"右翼"崇拜的守护神。每当"右翼阵营"对美国和中国施加的压力感到反感时，每当他们想要通过修改宪法以便用自己的力量守护日本时，甚至每当他们怀念战前的大日本帝国并鼓吹"爱国心"教育时，他们的头脑中浮现出的都是西乡隆盛。

实际上，"左翼阵营"与"右翼阵营"头脑中的西乡隆盛形象都是一样的，只不过前者攻击他，后者尊崇他而已。但是，正如本书明确展现的那样，这种西乡隆盛的形象是错误的。

西乡隆盛虽然受到"攘夷"论者的爱戴，但他本人并非"攘夷"论者。因"征韩论"而出名的西乡，其实批判1875年的江华岛事件是蔑视小国的卑劣行径。人们在列举将明治时期的日本建设成为立宪制国家的功臣时，一般会提到伊藤博文、板垣退助和坂本龙马等人。但是，西乡早在1864年（元治元年）就已觉察到引入议会制的必要性，远远早于上述三人。

虽然福泽谕吉说"封建制度""门阀制度"是"父母的仇敌"（『福翁自传』、『福沢諭吉全集』第七卷、11頁），但实际上打倒幕府（戊辰战争）、废除封建制度（废藩置县）的最大功臣是西乡隆盛。引入议会制、打破封建制度——西乡隆盛的这一面，不管是"右翼阵营"还是"左翼阵营"完完全全都忘记了。

本书就是想要打破这种大多数日本人头脑中西乡隆盛的"虚像"，努力让人们看到他的"实像"。

笔者希望在本书里至少能明确展现西乡的变革构想及其实践，但对于支撑其内心世界的"思想"尚无法完全明了。渡边浩的《儒教与福泽谕吉》（「儒教と福沢諭吉」『福沢諭吉年鑑』39 号、2012 年 12 月）认为，根据江户时代的支配性的朱子学思想，向将军和藩主谏言或发起叛乱的行为都被正当化了，而且朱子学本来就不是以"封建制度"，而是以中央集权式的"郡县制"作为前提的。无论是西乡反抗久光的行为，还是他断然实施废藩置县的决定，都与朱子学的主张不矛盾（同前书，第 102~103 页）。但是，本书的探讨尚未涉及幕末时期的西乡究竟学习了怎样的儒学并且学到了何种程度。对于即将 76 岁的笔者来说，要挑战这个问题恐怕要等下辈子了。

大概三年前，笔者跟讲谈社现代新书的所泽淳先生说想写一本有关"西乡隆盛与明治维新"的书。但是，这一想法没能尽快实现。原因是筑摩新书的增田健史先生向我提议出版一本没有副标题的《日本近代史》，而这恰好是笔者的夙愿。

虽然我十分犹豫要先写哪一本，但最后还是决定先写《日本近代史》。原因是什么已经不太记得清了，想必是因为"西乡隆盛"这个名字让人有些不堪重负吧。从小到大都能在上野公园看到西乡隆盛的铜像，要以这样一个人为主人公写一本书，实在是需要相当充足的思想准备。

在笔者专心执笔写作日本近代史的通史期间，所泽先生一直耐心等待。不过，去年（2012年）3月《日本近代史》刚一出版，他就马上在4月请我执笔本书。

从结果来看，这两本书出版的先后顺序是对的。因为通过撰写1857~1937年这80年的通史，我更加确切地认识到幕末维新时期的西乡隆盛是一位多么伟大的政治家。现在，如果有人问笔者，从幕末至昭和战前时期的这 80 年间活跃的众多政治家中最尊敬哪位，笔者能够脱口而出说出西乡的名字。

自 1971 年 5 月笔者的第一本著作问世以来，已经过去了 40 多年。其间，不管是在工作方面，还是在私人方面，很多人都对笔者照顾有加，实在是没有办法一一列举。在此，向所有人致以由衷的感谢。

坂野润治

2013 年 1 月

译者后记

2020 年 10 月 22 日看到讲谈社现代新书发的推文，得知坂野润治先生去世。我当时正在翻译本书，一时间震惊无比，十分遗憾这本译著未能在先生在世时出版。

2014 年初入职场之际，我最先接触到的便是先生的两本著作:《近代日本的国家构想(1871~1936)》《近代日本与亚洲:明治思想的实像》。前一本书属"阅读日本书系"，由社会科学文献出版社于 2014 年 7 月出版;后一本当时正有编辑想要引进，而我便帮助整理相关信息和文件。虽然后一本书出于各种原因未能引进，但阅读这两本书后，我便十分敬仰这位研究日本近代政治史的老先生。其后，坂野先生的著作又有两本被译为中文出版：2018年的《未完的明治维新》和2020年的《日本近代史》。先生在结语中也提到了《日本近代史》与本书之间的关系，虽然我至今尚未有机会阅读该书，但感兴趣的读者若能将两书结合起来阅读，或许会有更深刻的体会。

在翻译本书的过程中，由于自身学识不足，我查阅了很多资料，对于一些以前似是而非的问题有了更准确的认识，这便是身为译者能够得到的最宝贵的回馈了。本书的有些译者注或许稍显冗长，还援引了一些文献资料，希望不仅能把一个概念解释清楚，也让读者了解一些日本学者的相关论点。众所周知，幕末维新研究中的一个难点在于史料原文的解读，其中西乡的书信尤为难懂，这不仅是中国的译者而且是日本学者都深有体会的，坂野先生也经常感慨书信原文中的语焉不详。在翻译这些书信时，必须综合考虑其背景信息，因为在当时的政治环境下，书信作者很多时候都会故意模糊提及的人物、时间、地点等信息（大大咧咧的坂本龙马或许是个例外，这让我在翻译《龙马史》时深感幸运），对于收寄双方都明了的事情只会略微带过，如果不站在当事人的角度来阅读这些书信，很多信件看起来都是泛泛而谈的空论。本书在翻译史料原文时，尽量保留了当时汉文风格的遣词造句，适当补充了原文中缺失的信息（在引文中以小括号的形式标记），以便读者阅读。在翻译和校对的过程中，我自大学时代以来的学友奥原智子和日本九州大学的顾明源博士给予了很多帮助，在此表示衷心的感谢！如有任何疏漏，均为我个人的责任，请各位读者不吝指正。

坂野先生在书中毫不掩饰自己对西乡隆盛的喜爱之情，并且坦言史家的个人好恶必然对于历史叙事有所影响。可能有人会觉得先生对西乡有点"过于偏袒"，但先生的论述十分有力地破除了人们对西乡的刻板印象，这一点便是先生写作此书的目的所在吧。

先生在末尾提及对西乡的儒学水平尚不明了时，不无遗憾地写道："对于即将 76 岁的笔者来说，要挑战这个问题恐怕要等下辈子了。"先生在耄耋之年，仍然在学问上孜孜不倦，这种钻研精神感动并鼓励着我，让我也能在忙碌工作和家庭琐事之余，尽自己微薄的学力，点一盏萤雪之灯，也试着在学问的道路上走一走、看一看。

2021 年 4 月 10 日

图书在版编目（CIP）数据

西乡隆盛与明治维新 /（日）坂野润治著；沈艺译
. -- 北京：社会科学文献出版社，2021.6
ISBN 978-7-5201-8374-1

Ⅰ.①西…　Ⅱ.①坂…②沈…　Ⅲ.①西乡隆盛(
1827-1877)-人物研究②明治维新(1868)-研究　Ⅳ.
①K833.135.2②K313.41

中国版本图书馆CIP数据核字（2021）第093406号

西乡隆盛与明治维新

著　　者 /　〔日〕坂野润治
译　　者 /　沈　艺

出 版 人 /　王利民
责任编辑 /　段其刚

出　　版 /　社会科学文献出版社·联合出版中心（010）59367151
　　　　　地址：北京市北三环中路甲29号院华龙大厦　邮编：100029
　　　　　网址：www.ssap.com.cn
发　　行 /　市场营销中心（010）59367081　59367083
印　　装 /　北京盛通印刷股份有限公司

规　　格 /　开　本：889mm×1194mm　1/32
　　　　　印　张：8.25　字　数：110千字
版　　次 /　2021年6月第1版　2021年6月第1次印刷
书　　号 /　ISBN 978-7-5201-8374-1
著作权合同
登 记 号 /　图字01-2021-1009号
定　　价 /　59.00元